高等职业教育高速铁路客运乘务专业教材系列

高速铁路客运公共关系

主编　曾　舟

副主编　刘蕴瑶　李　敏

科学出版社

北　京

内 容 简 介

本书是高铁客运服务和公共关系相融合的全新教材，涵盖了公共关系学的核心理论和基本内容，结合高铁客运实际，对现代公共关系理论、方法及技巧进行阐述。本书坚持理论与实践相结合的原则，在教材的设计及编写上打破传统模式，将实际案例融入教学内容，强调学生学习能力的均衡发展，提高学生分析和解决问题的能力，提升学生的沟通、协调、创新能力。

本书篇幅适中、知识面宽、贴近实际，实用性和专业性强，可作为高等职业教育高速铁路客运乘务专业的基础教材。

图书在版编目（CIP）数据

高速铁路客运公共关系/曾舟主编. —北京：科学出版社，2021.6
（高等职业教育高速铁路客运乘务专业教材系列）
ISBN 978-7-03-067890-4

Ⅰ. ①高… Ⅱ. ①曾… Ⅲ. ①高速铁路-旅客运输-公共关系-高等职业教育-教材 Ⅳ. ①U293.3

中国版本图书馆 CIP 数据核字（2020）第 271155 号

责任编辑：高立凤 / 责任校对：王万红
责任印制：吕春珉 / 封面设计：东方人华平面设计部

科 学 出 版 社 出版
北京东黄城根北街 16 号
邮政编码：100717
http://www.sciencep.com

三河市良远印务有限公司印刷
科学出版社发行 各地新华书店经销
*
2021 年 6 月第 一 版 开本：787×1092 1/16
2021 年 6 月第一次印刷 印张：9 1/2
字数：225 000

定价：33.00 元

（如有印装质量问题，我社负责调换〈良远〉）
销售部电话 010-62136230 编辑部电话 010-62135763-2052（VF22）

高等职业教育高速铁路客运乘务专业
教材系列编委会

前 言

公共关系学是一门建立在管理学、传播学、组织行为学、新闻学等多门学科基础上的综合性应用学科，广泛应用于各种类型的社会组织中。随着我国改革开放的不断深入，社会不断进步，经济快速发展，高速铁路迅速崛起，如何协调高速铁路客运组织与相关公众之间的关系，保持良好沟通，树立良好的组织形象，并为高速铁路未来的发展创造良好的内外部环境等问题是本书研究的重点。

本书对公共关系的基本概念进行了阐述，结合高速铁路客运的发展实际，以及在发展过程中遇到的问题，展现了公共关系在协调组织内外环境、树立组织形象、创造社会环境和促进社会发展等方面的作用。

本书特点体现在以下 3 个方面：

一是在内容上结合公共关系学领域的最新理论研究成果和发展趋势，反映这一领域的最新动态；

二是充分结合高速铁路客运组织发展的现实状况，将理论与实际相结合，关注公共关系学相关理论在高速铁路客运组织中的实际应用；

三是注重学生分析问题、解决问题的能力和综合素质的培养，保证学生学习能力的协调发展。

本书由曾舟担任主编，并负责大纲的拟定和最后的统稿工作，刘蕴瑶、李敏担任副主编。本书编写分工如下：曾舟编写第 1 章、第 2 章；秦玺编写第 3 章、第 4 章；刘蕴瑶编写第 5 章、第 6 章、第 9 章；李敏编写第 7 章；姚晴编写第 8 章；齐英编写第 10 章。

编者在编写本书的过程中，参考了大量国内外专家、学者的论文、著作和最新科研成果，书中尽可能地列出了相关文献，在此对文献的所有作者表示衷心的感谢！

由于编者水平有限，加之时间仓促，本书不足之处在所难免，希望广大读者批评指正。

曾 舟

前言

目　录

第一篇　高铁客运公共关系的基本原理

第二篇 高铁客运公共关系的运作

第一篇 高铁客运公共关系的基本原理

第1章 高铁客运公共关系概述

学习目标

1. 了解公共关系学的研究对象与内容。
2. 通过探讨公共关系的定义和概念来定义高铁客运公共关系的含义。
3. 了解公共关系的基本特点与高铁客运公共关系的基本特征。
4. 掌握高铁客运公共关系的基本职能。
5. 了解高铁客运公共关系的原则和意义。

“公共关系”一词源于英语 public relations 的中文译称。随着商品经济和传播技术的发展，公共关系的客观存在日益为人们所重视，对它的研究也越来越深入和广泛。

以维系公共关系为宗旨的传播活动在人类公共社会生活产生时就已出现，但一直处于自发的盲目状态，直到 20 世纪初，随着资本主义自由市场经济的发展，公共关系才逐渐被人们认知并进行研究，从而形成公共关系学的相关理论。

近年来，随着我国经济技术的快速发展，公共关系事业蒸蒸日上，公共关系学的理论在中国特色社会主义的背景下也在不断进行创新，并积累了一定公共关系实务的经验，把我国的公共关系事业推向一个新的高度。

1.1 公共关系概述

要想理解高铁客运公共关系，首先要明白什么是公共关系。公共关系产生于西方工业发达国家，由于它具有促进社会经济、政治、文化发展的独特功能，越来越多地应用于社会生活的各个领域，已成为一个国家或地区经济和文明发达程度的客观标志。一般意义上的公共关系，是指一种为维系良好的公众关系而进行的传播活动和在传播活动中所遵循的行为策略和规范。

1.1.1 公共关系学的研究对象与内容

1. 公共关系学的研究对象

公共关系学是一门以公共关系的客观现实和活动规律为研究对象的、新兴的、综合型的应用学科，是研究组织与公众之间传播与沟通的行为、规律和方法的一门学科，体现了公共关系活动的现象及变化发展规律。公共关系学与传播学、管理学、社会心理学等学科有着密切的关系，公共关系学以管理学和传播学的理论为基础，吸取各学科理论运用于管理学，并与社会心理学等学科相互交叉与渗透。

公共关系学的主要研究对象包括各种具体的公众关系，社会组织与公众之间的信息传播规律，公共关系作为社会组织的管理职能的规律，公共关系活动及策划实施的艺术和方法等。

2. 公共关系学的研究内容

公共关系学的研究内容主要包括两大部分，即公共关系基础理论和公共关系实务。公共关系基础理论包括公共关系学的概念、范畴及其本质，公共关系的起源和发展历史，公共关系的特点、功能及其原则，公共关系的组织机构及人员，公众对象分析。公共关系实务包括公共关系调查研究、新闻传播、公共关系广告、公共关系专题活动、公共关

系危机管理、交际实务等。学习公共关系学的目的是揭示公共关系发展的历史轨道，总结历史经验，寻求发展规律，为现代公共关系实践提供经验和借鉴。

1.1.2　公共关系的定义

公共关系作为一种客观存在，在人类社会产生的同时就已经出现，但当时处于一种盲目的原始状态，直到 20 世纪初，人们才组建了专门从事公共关系服务的行业公司，现代公共关系才开始发展起来。本书要讨论的“公共关系”就是指这种具有现代意义的公共关系。

迄今为止，关于公共关系的说法和定义众说纷纭，它既是公共关系学研究中面临的首要问题，也是公共关系理论中的核心内容之一。

1. 国外具有代表性的定义

1）早期《韦伯斯特 20 世纪新辞典》将公共关系定义为：“通过宣传与一般公众建立的关系；是公司、组织或军事机构向公众报告它的活动、政策等情况，企图建立有利的公众舆论的职能。”

2）艾吉的《大众传播学导论》将公共关系定义为：“公共关系是一个公司或者机构为与它的各类公众建立有利于双方关系而采取的有计划、有组织的行为。”

3）现代公共关系学的先驱之一爱德华·伯内斯认为：“公共关系是一种处理一个团体与公众或者是决定该团体活动的公众之间的关系的职业。”

4）英国著名公共关系专家弗兰克·杰夫金斯在《公共关系学》一书中将公共关系定义为：“公共关系就是一个组织为了达到与它的公众之间相互了解的确定目标，而有计划地采用一切向内和向外的传播方式的总和。”

5）美国哈洛博士认为：“公共关系是一种独特的管理职能，它帮助一个组织和它的公众建立交流、理解、认可和合作关系；它参与各种问题和事件的处理；它帮助管理部门了解公众舆论，并对之做出反应；它明确并强调管理部门为公众利益服务的责任；它帮助管理部门掌握情况的变化，监视并预测变化的趋势，以使组织与社会变化同步发展；它以良好的、符合职业道德的传播技术和研究方法作为基本的工具。”

6）美国公共关系协会将公共关系定义为：“公共关系是一个组织管理中进行的一种有计划、持久的活动；它处理的是一个组织与其各类公众之间的关系；它检测组织内外人们的意识、舆论、态度和行为；它分析组织所采取的政策、程序和行动对各类公众的影响；它调整那些与公众利益相冲突并影响组织生存和发展的政策、程序和行动；它向管理阶层的人员提供咨询，帮助制定新的政策、程序和行动方案，而这一切都有利于组织与它的公众；它建立和维持一个组织与其公众之间的双向交流；它使组织内外人们的意识、舆论、态度和行为产生某些具体的变化；它使一个组织与它的各类公众产生新的、持久的关系。”

7）英国公共关系学会将公共关系定义为：“公共关系的实施是一种积极的、有计划的及持久的努力，以建立及维护一个机构与其公众之间的相互了解。”

8）国际公共关系协会将公共关系定义为：“公共关系是一种管理功能，它具有连续性和计划性。通过公共关系，公立和私人的组织、机构试图赢得同它们有关的人们的理解、同情和支持——借助对舆论的估价，以尽可能地协调政策和做法，进行有计划的、广泛的信息传播，赢得更有效的合作，更好地实现它们的共同利益。”

2. 国内具有代表性的定义

1）王乐夫等在《公共关系学》一书中提出：“公共关系是一种内求团结完善、外求和谐发展的经营管理艺术，即一个社会组织在自身完善的基础上，运用各种信息沟通传播的手段，协调和改善自身的人事环境和舆论气氛，使本组织机构的各项政策、活动和产品符合相关公众的需求，争取公众对自己的理解、信任、好感与合作，在双方互利中共同发展。”

2）中国社会科学院新闻研究所公共关系课题组在《塑造形象的艺术——公共关系学概论》中提出：“所谓公共关系，就是一个企业或组织为了增进内部及社会公众的信任与支持，为自身事业发展创造最佳的社会环境，在分析和处理自身面临的各种内部外部各项关系时，采取的一系列政策与行动。”

3）居延安等在《公共关系学》中提出：“公共关系是一个社会组织为了塑造组织形象，通过传播、沟通手段来影响公众的科学和艺术。”

4）毛经权在《公共关系学》一书中提出：“公共关系是一个组织运用各种传播手段，在组织同社会公众之间建立相互了解和信赖的关系，并通过双向的信息交流，在社会公众中树立起良好形象，以谋求公众对本组织结构的了解、信任、好感和合作，并获得共同利益。”

5）熊源伟在《公共关系学》一书中提出：“公共关系是社会组织为了塑造组织形象，通过传播、沟通手段来影响公众的科学与艺术。”

6）翟向东在《中国公共关系教程》一书中提出：“如果把中国公共关系的含义作一广义的概括，即中国的公共关系是在建设有中国特色社会主义理论指导下，社会组织（党的组织、政府、企业和事业单位、团体等）通过沟通信息、协调利益、化解矛盾、理顺和改善人际、社际、国际在经济、政治、文化、科技等方面的关系，调动一切积极因素，促进社会主义物质文明和精神文明建设的一门学科。”

迄今为止，对公共关系还没有一个公认的定义，说明人们对公共关系的认识还需要更多的交流和研究，对公共关系本质认识的统一还需要一个过程。公共关系的涉及面广、内容丰富，涉及的方方面面都处于不同的变化之中。因此，人们的认识也会随之不断调整和更新。由于侧重点的不同，公共关系的定义具有多样性和多维性，尚需进一步完善。

1.1.3 高铁客运公共关系的含义

随着“一带一路”倡议的提出，中国铁路建设如火如荼地进行，其中最令人瞩目的就是高速客运铁路的建设。为满足快速增长的客运需求，优化拓展区域发展空间，中国

铁路总公司和国家铁路局在“四纵四横”高速铁路的基础上，增加客流支撑、标准适宜、发展需要的高速铁路，形成以“八纵八横”主通道为骨架、区域连接线衔接、乘机铁路补充的高速铁路网，实现省会城市高速铁路通达、区际之间高效便捷相连。但高速铁路客运的发展也不是一蹴而就的，特别是 2011 年发生的“7•23”甬温线特大动车组列车追尾事故，加之这次重大公共危机事件的处理不到位，中国高铁处于前所未有的舆论风暴中，并在很长一段时间限制了中国高铁的建设运营与发展。

开展公共关系活动，与社会公众进行沟通和互动，获得公众的理解和支持，对缓和社会矛盾、成功化解公共危机事件有着重要的作用。因此，本书将高铁客运公共关系定义为“承担客运功能的高速铁路系统经营管理组织与社会良好互动，以塑造良好形象，争取公众对高铁客运工作的理解和支持而进行的所有活动的总称”。高铁客运公共关系应包含以下 4 个要素：第一，高铁客运公共关系的主体是高铁客运经营管理单位；第二，高铁客运公共关系的客体是社会公众；第三，高铁客运公共关系的目标是塑造良好的高铁客运形象和获取公众的支持；第四，高铁客运公共关系应以传播和沟通为途径。

高铁客运公共关系的维护不仅仅要在公共关系危机中获取公众的支持，达到圆满解决公共关系危机事件、重塑自身形象的目标，更要在日常的管理活动中保持与社会公众的良好互动，采取一系列的传播、沟通等活动，提高信息传播的透明度，争取公众的理解和支持，提升高铁客运的良好形象，加强国际交流与合作。

随着时速 350 千米的“复兴号”高速动车组的开行，我国将再次成为世界上高铁商业运营速度最快的国家，同时，在“一带一路”倡议指引下，中国高铁的全球影响力正在不断增强，市场覆盖全球六大洲 103 个国家和地区，中国高铁已经成为一张“中国名片”。

小资料 1-1

高铁，国家形象公关的新名片

2013 年 10 月，李克强在出席“中国高速铁路展”时对时任泰国总理英拉表示，中国高铁技术先进，安全可靠，成本具有竞争优势，希望中泰加强铁路合作。这是李克强在两天的时间里第 3 次表达希望与泰国进行高铁合作的意愿。

双方于 10 月 11 日在曼谷发表的《中泰关系发展远景规划》中称，中方有意参与廊开至帕栖高速铁路系统项目建设，以泰国农产品抵偿部分项目费用。泰方欢迎中方意向，将适时在《中泰政府关于泰国铁路基础设施发展与泰国农产品交换的政府间合作项目的谅解备忘录》的基础上，与中方探讨相关事宜。此前，这一合作方式曾被形象地形容为“大米换高铁”。此外，双方还同意通过连接经过老挝和缅甸的铁路网络，以及连通公路、港口和机场，加强交通基础设施互联互通建设。

高速铁路客运专线的建设和投入运营，有利于从根本上缓解交通运输紧张的状况，提高铁路运输能力和服务质量，为基本实现现代化提供可靠的运力保证；有利于完善综合运输体系，提供质量更高、更丰富的客运服务，满足旅客不同层次的需求；有利于促进资源节约和环境保护，可以发挥节约土地、能源及安全性等优势，降低全社会的运输成本，促进沿线经济社会协调发展；有利于加快铁路现代化进程，带动两国经济建设的迅速发展，提高自主创新能力，并进一步加快两国铁路客运高速化的进程。高铁的发展势在必行，相关高铁技术的交流必定会促进两国的友好发展，从而缩短城市与城市之间的距离和国家与国家之间的距离，“地球村”梦想的实现指日可待。高速铁路渐渐成为我国对外公关的新“名片”。

（资料来源：http://blog.sina.com.cn/s/blog_be6eef880101ro64.html.）

1.2 高铁客运公共关系的特征

公共关系是一种特殊的社会关系，它既具社会关系的一般属性，又有自己独特的属性。作为公共关系的分支和一种为社会组织与公众双方利益服务的活动，高铁客运公共关系需要适应社会关系形态，并在适应过程中得到发展。

1.2.1 公共关系的基本特征

关于公共关系的基本特征，国内教材普遍认同的观点是：以公众为对象，以美誉为目标，以互惠为原则，以长远为方针，以真诚为信条，以沟通为手段。

1. 以公众为对象

开展公共关系工作所面对的对象是公众，公共关系是一定的社会组织与其相关的社会公众之间的关系。从公共关系的结构来看，一方是社会组织，另一方是与该组织相关的社会公众，这两者是相互制约、对立统一的关系。一方面，组织的政策、行为会影响公众的利益；另一方面，公众的态度、情绪、舆论又会制约和影响组织的生死存亡。因此，组织必须坚持着眼于自己的公众，公共关系活动的策划者和实施者必须始终坚持以公众利益为导向。

2. 以美誉为目标

在公众中树立组织的美好形象是公共关系活动的根本目的和核心问题。组织形象的好坏直接影响其任务的实施与目标的实现程度。所谓美誉，是指一个组织获得公众信任、赞美的程度，以及良好的社会影响。组织形象是一个动态的体系，具有可塑性，如何塑造组织形象是公共关系理论研究的核心问题，也是公共关系实务中的一个重要方面，需要采取一系列有计划、有声势的形象塑造活动，适当地运用各种公共关系方法和技巧，随时调整公共关系状态，从而适应变动的环境，保持自身良好而有效的形象，让组织得以顺利发展。

3. 以互惠为原则

公共关系以一定的利益关系为基础，一个组织在发展过程中想要得到相关组织和公众的长久支持与合作，必须树立共同发展的理念，强调对公众利益负责，并在利益均衡的条件下发展自己。公共关系的驱动力是双方的利益要求，需要奉行互惠原则，既要实现本组织的目标，又要让公众获益。

4. 以长远为方针

公共关系追求的是组织与公众之间稳定而持久的良好状态，这不是一朝一夕就能完成的，必须经过长期的、有计划的、有目的的艰苦努力。由于组织及其社会环境的复杂性，一个良好公共关系状态的建立，需要梳理长远的观点，持之以恒。在开展公共关系活动的过程中，有计划、有步骤地从小事做起，制定明确的战略规划，确定战略目标、战略重点、战略步骤和战略途径，从而体现公共关系的全局意识和长远意识。

5. 以真诚为信条

以事实为基础是公共关系活动必须遵循的基本原则之一。组织只有为自己塑造诚实的形象，才能取信于公众。在公共关系的传播活动中也必须贯彻真诚的精神，任何虚假信息的传播都会损伤组织形象，唯有真诚才能赢得合作。

6. 以沟通为手段

没有沟通，主客体之间的关系就不会存在，信息的交流就无从谈起，社会组织的美誉度也不会产生，互惠互利更不可能实现。公共关系活动就是运用传播手段来协调组织与公众的关系，解决两者之间互相了解、互相合作的问题，因此必须用心体会公众不同的心态和行为动机，从而达到最佳的沟通效果。公共关系活动中的沟通并不是一般的情感交流，而是为组织形象进行的有目的的社会活动，主要着眼于长远效果。

1.2.2　高铁客运公共关系的基本特征

高铁客运公共关系作为公共关系的一个分支，既具有公共关系的基本特征，又具有其独有的特点。高铁客运公共关系需要建立有效公共关系的必要条件，丰富公共关系的活动方式。其特征主要体现在以下几个方面。

1. 信息真实

高铁客运组织需要实事求是，不能虚构故事。面对媒体时，客运组织既是新闻来源，也是代表组织利益和公众利益的公共领域代言人。真实的信息发布能够让高铁客运组织具有公信力，能够让公众信服，从而维护组织和公众的利益。

2. 态度真诚

高铁客运组织必须面对公众，在处理组织—公众—环境的关系时，要以真诚赢得合作，建立信誉。当出现公共关系危机的时候，要第一时间表明态度，让公众感到组织是负责任的，不得采取愚弄、欺骗的手段，以免引起公众的愤怒和抵制，要正确响应外界不同的声音，真诚、准确、有力地表述自己的观点，从而化解危机。

3. 有效宣传

高铁客运公共关系的维护不仅要做得好，而且要说得好，要有意识、有计划地保持组织和公众之间的信息对称和情感对称，做好宣传工作，增强公众的认可，把握局势，避免产生谣言中伤。同时有效的宣传活动能够增强高铁客运组织的社会责任感，将组织对社会和环境的关心整合到经营战略中，从而形成前沿创新和竞争优势，提高高铁客运组织的声誉。

4. 塑造形象

塑造良好的组织形象是高铁客运组织发展的有力保障，在现代市场中，拥有资金、技术、人才和信息优势已不再是一流组织的标志，组织和企业间的竞争已上升为综合实力的竞争和组织形象的竞争。高铁客运组织需要在运营中塑造自身良好的组织形象，通过一系列活动的开展、恰当地运用公共关系的方式方法来提高公众的消费信心和凝聚力，从而使高铁客运组织适应动态的环境，保持长久良性的发展状态。

1.3 公共关系与高铁客运公共关系的职能

高铁客运公共关系需要调动一切可以调动的力量，运用各种手段，塑造良好的组织形象，赢得良好的生存环境，从而促进组织的生存与发展，使组织在激烈的竞争中取胜。

1.3.1 公共关系的职能

公共关系的职能是公共关系在社会组织中所应发挥的作用和应承担的职责，主要包括搜集信息、咨询决策、沟通协调、处理危机等职能。

1. 搜集信息的职能

公共关系对组织环境的把握是从搜集信息开始的，公共关系部门运用各种调查研究分析的方法搜集信息，监视环境，以帮助组织对复杂多变的公众环境保持高度的敏感性，维持组织与整个社会环境之间的动态平衡。随着以计算机为代表的现代信息技术和信息工业的快速崛起和发展，信息已渗透到社会生活的各个方面，成为现实生活中不可缺少的重要媒介。同时信息链的激增，也促使信息成为决定组织生存和发展的重要战略性资源。公共关系需要搜集的信息主要有两个方面，即组织形象信息和产品形象信息。

1）组织形象信息。组织形象信息是指公众对组织在运行中所显示的行为特征和精神面貌所产生的印象和评价。公共关系活动的一个重要目标是建立组织的良好形象，因此了解组织在公众中的形象是公共关系活动的基本内容之一，组织形象信息的搜集是公共关系活动过程的重要环节。组织形象信息主要包括公众对组织的机构设置、管理水平、服务水平、人员素质、组织领导能力、组织文化形象等方面的评价。通过把握与组织有关的社会信息，检测和预测公众对组织的态度，及时调整对策，以防止公众意向发生变化时出现束手无策的被动状态。

2）产品形象信息。这方面的信息一般包括消费公众对产品或服务的价格、性能、质量和用途等主要指标的印象和评价，同时也包括对产品的优缺点的反映和建议。向市场提供产品或服务是实现运行目标最基本的方式，也是组织与消费公众之间发生关系最根本的原因。产品形象与组织的生存、发展直接相关，因此公共关系必须特别注意这方面信息的搜集。

2. 咨询决策的职能

公共关系咨询与决策是指公共关系部门及人员向社会组织的决策层和管理部门提供有关公共关系方面的情况和建议，同时参与决策。正确的决策取决于对环境的检测，企业及组织所处的社会和经济环境是复杂多变的，要适应这种环境，就必须严密地观察环境，对环境变化做出科学的预测、分析、评价与研究，为决策提供合理的咨询建议。为了完成提供咨询的任务，公共关系工作人员必须对搜集来的信息进行整理、选择、分类、归档等，建立信息库，提供关于公众一般情况、专门性情况，以及公众心理、行为变化和发展趋势的咨询。而决策是组织在对自身条件和外界环境进行思考和比较后所做出的决定性选择，需要站在公众立场上审视决策问题，从公众利益出发确保决策的公正，以及在决策中树立公共关系目标。公共关系部门要站在公众和社会的立场上，对各职能部门的决策目标从知识的角度进行综合评价，依据公众需求和社会价值及时修正可能导致不良社会后果的决策目标，使决策目标既能够反映企业及组织发展的需要，又能够反映社会公众的需求，拟订和选择决策方案，通过观察、调整和反馈，最终付诸实施。

3. 沟通协调的职能

组织的决策方案一经确定，就进入了运行阶段，组织在其运行中要与许多外部因素发生关系并产生矛盾，组织与这些因素之间的矛盾大小、摩擦多少在很大程度上决定这个组织的运行是否顺畅，也在很大程度上决定这个组织的预定目标能否顺利实现。公共关系的沟通工作要把与组织目标直接相关的公众作为沟通协调的重点。组织要从自身利益出发，处理好组织内部的交流、沟通和协调工作，使组织内部能够默契配合，产生最优管理效果；同时做好组织与外部公众的工作，通过传媒、策划等手段，与公众进行双向交流，赢得公众的信任与支持，协调与公众之间的关系。

4. 处理危机的职能

组织在经营管理活动中所面对的内外公众是极其复杂的，面对的内外环境也是不断变化的，可能随时遇到危机。通常公共关系危机来自两个方面，一方面是人为因素，如组织内部的突发纠纷、公众的投诉、组织与组织之间的突发性危机、新闻媒体的突然发难等；另一方面是不以人的意志为转移的重大灾害事故危机，如重大工伤事故、交通事故、生产失误事故，以及水灾、地震、空难、台风、突发性环境污染等。一旦事故发生，公共关系人员必须以高度认真的态度和十分清醒的头脑，很好地把握处理这些事件的原则和对策，最大限度地去争取社会公众的支持。危机是可以避免的，特别是随着科学技术手段的不断完善、网络化趋势的不断加强，知识和技术优势取代了单纯的规模规模，成为竞争优势的重要来源；法律、法规的建立与完善，使组织运行更为顺畅，组织可以建立起灵敏的预警系统、完善的管理系统，尽量把危机消灭在萌芽状态。

1.3.2 高铁客运公共关系的职能

1. 搜集信息，组织宣传

高铁客运公共关系的职能仍具有公共关系职能的要素，需要在公共关系活动中搜集高铁客运组织形象信息、产品形象信息并采集高铁组织运行状态及其发展趋势信息。信息的采集必须通过多种渠道和运用各种传媒来进行，首先应当重视公众舆论，其次要了解新闻媒介和公众人物或意见领袖的反映，同时政府有关部门和上级主管部门及同行业的意见也十分重要。通过对高铁客运组织的宣传，来提高组织的信誉和知名度，使更多人认识高铁客运组织。

2. 监测环境，咨询决策

正确的决策取决于对环境的严密监测，高铁客运组织所处的环境复杂多变，因此必须对环境进行严密的监测，随着环境的变化为决策提供合理的咨询和建议，站在公众和社会的立场上，对知名度和美誉度进行评估与咨询，对公众的心理进行分析、预测与咨询，从公众角度对组织决策进行评议，并在决策中确立公共关系目标，树立良好的组织形象。

3. 协调沟通，处理危机

高铁客运组织要从自身利益出发，处理好各类直接的业务来往关系；妥善处理组织与各种权力制约部门之间的关系；主动建立和发展各种非业务性的社会关系。通过协调沟通，高铁客运组织要争取投资来源，建立自己的独特风格并形成舆论，让公众指导并正确地了解本组织。当发生公共关系危机时，最大限度地争取公众的支持，把损失降到最小，最终使组织能够渡过难关。

4. 创建文化，树立形象

高铁客运组织需要从文化的角度来审视自己，并从文化的角度对组织内部人员的整体素质、经营活动的质量进行诊断，形成一种稳定的文化概念和历史传统，从而树立一种良好的组织形象。树立良好的组织形象需要从以下三个方面入手。

1）培育组织文化。首先，树立科学的组织文化意识，即集体主义意识、以人为中心的意识、创新服务奉献意识和团结互助的民主意识。其次，培育组织精神和基本价值观念，培育具有行业特点的企业精神，选择正确的价值标准，积极强化行为，发挥组织领导的带头作用。最后，创建良好的组织环境，主要从文化环境和心理环境的创建入手。

2）改善组织行为。高铁客运组织行为与组织形象密不可分，必须强化员工的质量意识，规范组织领导和员工的行为，积极承担社会责任，使组织行为与公众期望保持一致。

3）宣传推广企业。通过大众传播媒介和互联网制造舆论、强化舆论、引导舆论、控制舆论、扩大影响；通过专题活动宣传和推广企业形象，使美好的企业形象深入人心。

小资料 1–2

高 铁 见 闻

2011 年“7·23”事故给中国高铁发展带来了严重的不良影响：一方面是高速铁路的进一步降速，不但运营线路降速，新建高速铁路线标准也进一步降低；另一方面是银行进一步限贷，中国高铁线路资金接近枯竭，大量线路停工。

当时的“高铁人”都很苦恼：既然不能通过媒体为中国高铁发展正言，是否可以发动民间的力量来为中国高铁的发展做一点事情呢？2011 年 12 月，在海子铁路网的支持下，以“高铁见闻”的名义组织了第一届“车迷有约走进南车”活动。活动是通过微博发起的，在微博上征集志愿者去参观高铁制造工厂，走进了南车四方股份公司，神秘的动车组制造基地第一次向公众开放。

活动参加者来自各行各业，他们年龄最小的只有 4 岁，年龄最大的则有 76 岁。其中 8 岁的小车迷徐博扬不仅能背出中外列车的型号，连每辆车的功率也能倒背如流，每学期他都要求爸爸妈妈参加监考自己的火车知识期末考试，在他充满童趣的图画里，火车被他塑造为高大俊美的超人形象。顽强的在澳大利亚留学的车迷“法拉利之神”，他参加完期末考试出了考场后，立马奔上机场，从墨尔本转道新加坡，又转道南京，从南京飞到青岛，活动已经开始了终于赶到现场。酷爱视频制作的车迷丁嘉一和何筠则是一路开车从苏州赶到青岛，带着航拍设备，精气神十足地拍了 7 个小时……揭开高铁制造神秘的面纱，高铁的制造技术及“高铁人”的严谨给参观者留下了深刻的印象。

大家先后走进了南京的浦镇公司，株洲的株机公司、南车株洲所、中车株洲电机公司，常州的戚墅堰公司、戚墅堰所，参观活动获得了非常好的效果，培养了大量的高铁“粉丝”，也团结了大批支持高铁发展的人，他们都是高铁的忠实拥趸，他们不但能够影响身边的人，而且在微博、微信等自媒体上发表文章，为中国高铁发展摇旗呐喊。

（资料来源：高铁见闻，2015．高铁风云录[M]．长沙：湖南文艺出版社．内容有删改．）

1.4 高铁客运公共关系的原则和意义

高铁客运公共关系的目标是在社会公众中树立本组织的良好形象，为本组织创造一个有利于生存和发展的内外部环境。要想获得美好的声誉，让公众获益，必须经过长期艰苦的努力，对高铁客运组织来说，其公共关系的基本原则和意义应该受到关注。

1.4.1 高铁客运公共关系的原则

1. 真实性原则

高铁客运公共关系的真实性原则是指高铁客运组织的公共关系工作要以事实为基础，真实全面地传递信息、反映情况。高铁客运组织想要在公众心目中树立良好的形象，关键在于诚实，只有开诚布公才能获得公众的信任。如果高铁客运组织以欺骗的方式来对待公众，必然会失去公众的信任，所以高铁客运组织必须讲真求实，为公众提供真实、准确、诚实、客观、公正的信息。

2. 互惠互利原则

互惠互利原则是指高铁客运公共关系应该以公众利益为导向，使高铁客运组织和公众的利益需求都得到满足，谋求高铁客运组织与公众的共同发展，使公众利益与组织利益相协调。公共关系的本质是组织与公众之间的一种利益关系，因此，高铁客运组织必须给公众实在的利益，才能使他们对高铁客运组织产生信任感，乐于与组织合作。高铁客运组织的生存发展离不开社会的支持，如劳动力、资金、生产资料的提供及政府的宏观调控等。因此，高铁客运组织应该主动为社会服务，有效调节组织和公众的利益平衡，重视公众对高铁客运组织行为的评议，既要实现高铁客运组织的目标，又要让公众获益，这样高铁客运组织和公众才能互惠互利、长久合作下去。

3. 双向沟通原则

公共关系的基本方法是双向传播与沟通。没有沟通，主客体之间的关系就不会存在，社会组织的美誉度也就无从产生，更不可能实现公共关系的目的，因此，组织与公众之间的沟通必须要对称。高铁客运公共关系应该强调双向沟通：一方面，高铁客运组织要经常调查、了解民情民意和社会舆论，以不断调整完善自己；另一方面，高铁客运组织要不断地将自己的有关信息对外传播，使公众认识、了解自己，从而获得公众的支持与合作，促使高铁客运组织实现目标，同时帮助决策者准确地把握形势，使决策的制定更加正确。双向沟通可以消除外界对组织的误解，减少或避免摩擦，为组织创造一个和谐的社会环境，同时还可以促进产品的销售，提高组织的经济效益。

4. 开拓创新原则

任何一个社会组织都必须在激烈的市场竞争中不断开拓创新，才能使自己立于不败之地。高铁客运组织的公共关系工作必须研究公众心理，满足公众求新求异的心理需求，不能一味地重复经典战略，或者长期运用一种公共关系方法。如果高铁客运组织长期运用同样的公共关系方法来对待公众，必然会引起公众的感知疲劳，甚至会引起公众的反感，产生负面的效果，因此，高铁客运公共关系人员做策划时要保持新意，不断推陈出新，让人耳目一新。

5. 全员公关原则

高铁客运组织需要对全体员工进行公共关系教育与培训，增强全员的公共关系意识，提高全员公共关系行为的自觉性，加强整体的公共关系配合与协调，发动全员的公共关系努力，形成浓厚的组织公共关系氛围与公共关系文化，达到全员的公共关系配合。全员公关原则有利于增强组织内全员的公共关系意识，有利于发动全员齐心协力做好公共关系工作，树立良好的组织形象。

1.4.2 高铁客运公共关系的意义

随着社会主义市场经济的发展，中国的高铁事业在过去 10 年间实现了突飞猛进的跨越式大发展，频频刷新世界纪录，取得了举世瞩目的成绩。高铁成为中国的“外交名片”，它作为“一带一路”倡议实施的重要载体，承担着互联互通的时代使命。

社会主义市场经济和公共关系的发展必须是同步的，社会主义市场经济越发展，公共关系在经济活动中的地位和作用就越重要；而公共关系在经济活动中的作用发挥得越充分，社会主义市场经济的发展也就越容易取得成效。随着科学技术的迅猛发展，社会生产力的发展达到了空前的新高度，经济全球化趋势越加明显，借助以高铁为主要载体的交通基础设施建设，推动世界经济一体化进程是中国对经济全球化做出的巨大贡献。经济全球化为高铁客运公共关系的发展带来了契机，开展高铁客运公共关系活动既对开展世界铁路的科研、建设和运营具有较大的利用价值，又助推了世界经济的持续发展，同时还为“一带一路”建设的互联互通创造了条件。在此过程中，高铁客运组织不仅完成了公共关系活动的实践，增强了高铁客运公共关系的意识，还提高了高铁客运公共关系活动的水准，打开了高铁在全世界的知名度，促进了社会主义市场经济的发展。因此，研究高铁客运公共关系是十分必要的。

巩固与应用

一、名词解释

公共关系　高铁客运公共关系　公共关系的特征　高铁客运公共关系的职能

二、思考题

1. 公共关系研究的对象是什么？
2. 高铁客运公共关系的特征有哪些？
3. 公共关系的职能和高铁客运公共关系的职能有何联系与区别？
4. 高铁客运公共关系的原则有哪些？

三、案例分析题

高铁“硬件”发展成就了中国高铁快速发展，中国形成了以“四纵四横”为主骨架的高速铁路网，运营里程达到1.9万千米，位居世界第一，占世界高铁总里程的60%以上。现在动车组列车占列车开行总数的六成以上，高铁出行已成为旅客首选，其创新、绿色、共享发展的效应惠及全国人民。

高铁发展加快中国经济社会发展的“出彩”，加上其安全可靠、性价比高，不断吸引世界各国的“眼球”，成为中国高铁加快走出去的“虹吸”器。现在已经与中国签署合作协议或有合作意向的高铁计划累计达 3.5 万千米，涉及亚、欧、非、南北美五大洲数十个国家，充分体现“硬实力”的提升为中国高铁走出去提供了坚实力量和基础保障。

在提升“软实力”方面，由中国铁路总公司牵头的中方企业联合体多管齐下，增强高铁走出去的针对性、有效性，针对合作国国情、政情、社情、民情、商情、法情等，进行深入的研究。例如，在中国印尼铁路项目合作上，中方提出 B2B 合作模式，既照顾到印度尼西亚政府不提供投资担保的诉求，又最大化地确保中方企业的权益，为在激烈的竞争中击败对手，赢得雅万隆高铁项目起到了决定性作用。

中国高铁在对外合作中，还一直注重与当地合作伙伴、政府部门、利益相关者建立信任、诚恳的对话氛围，争取各界的理解和支持，减少项目推进的阻力，努力把互利共赢落在实处。此外，中国还注重加强人文交往，广交朋友。例如，在中国印尼铁路项目合作中，中方员工学习印度尼西亚当地语言，减少沟通成本，严格遵守当地法律、宗教信仰、生活习惯，树立良好的公共关系形象，为中国高铁海外合作营造良好的外部发展环境。

现如今，中国高铁创造了具有自主知识产权和世界先进水平的高速铁路技术体系，让世界刮目相看。相信在中国高铁“硬实力”和“软实力”的创新发展下，中国高铁将赢得更加良好的发展环境，成为从“中国制造”走向“中国标准”的新名片。

（资料来源：孙以兵，2016. 中国高铁“软硬兼施”造就海外合作“不菲战绩”[EB/OL].（2016-06-20）[2019-03-20]. http://opinion.voc.com.cn/article/201606/201606201923151095.html.）

分析：

1. 案例中的中国高铁是怎样在中印铁路项目中维护公共关系的？
2. 本案例体现了高铁客运公共关系的哪些职能？
3. 中国高铁为什么能成为中国的新名片？

第2章 高铁客运公共关系的构成要素

学习目标

1．了解高铁客运公共关系的主体与客体。
2．掌握高铁客运组织的含义与特点。
3．了解高铁客运组织的构成要素。
4．掌握公众的概念及其分类。
5．了解传播与沟通的基本原理。
6．理解传播的基本方式及特点。

2.1 高铁客运公共关系的主体

公共关系的组成主要有三大元素：社会组织、公众与传播。社会组织通过媒介作用于各类相关公众，作用方式主要有塑造形象、协调关系、传播管理等；公众对社会组织产生认知，表示赞誉。与社会组织进行合作，形成互助互利的关系。

2.1.1 组织概述

组织是公共关系的主体，在公共关系活动中担当控制者和组织者的角色，它主宰着公共关系活动，决定着公共关系状态，因此，认识组织的结构与功能，明确组织形象的重要性，对于全面理解公共关系有关理论，有效地开展公共关系活动具有重要意义。

1. 组织的含义

通常，一般意义上的组织有三种含义：一是社会学上的含义，组织是指为实现一定的目的、履行一定的职能而组成的团体；二是行为活动的含义，把组织理解为对人、财、物的处理和安排；三是根据约定俗成的习惯，把组织理解为特定的政治组织、群团组织，如党组织、团组织等。公共关系学中所讲的组织是社会学意义上的组织，即组织是按照一定的目的、任务和形式建立起来的，经过不同部门的分工协作，以及不同层次的权利操作和责任划分，合理协调内部人群活动的社会群体。

小资料 2-1

中国国家铁路集团有限公司

中国国家铁路集团有限公司（简称“中国铁路”）是经国务院批准、依据《中华人民共和国公司法》设立、由中央管理的国有独资公司。经国务院批准，公司为国家授权投资机构和国家控股公司。公司注册资本为 17 395 亿元，由财政部代表国务院履行出资人职责。

根据《中国共产党章程》的规定，公司设立中共中国国家铁路集团有限公司党组，发挥领导作用，把方向、管大局、保落实，依照规定讨论和决定公司重大事项。

中国国家铁路集团有限公司以铁路客货运输为主业，实行多元化经营；负责铁路运输统一调度指挥，统筹安排路网性运力资源配置，承担国家规定的公益性运输任务，负责铁路行业运输收入清算和收入进款管理；自觉接受行政监管和公众监督，负责国家铁路新线投产运营的安全评估，保证运输安全，提升服务质量，提高经济效益，增强市场竞争能力。坚持高质量发展，确保国有资产保值增值，推动国有资本做强做优做大。

（资料来源：中国国家铁路集团有限公司，2019. 中国国家铁路集团有限公司简介[EB/OL].（2019-08-02）[2020-03-22]. http://www.china-railway.com.cn/gsjs/gsjj/.）

2. 组织的特点

（1）群体性

组织是由两个或两个以上的成员，按照一定的规范结合而成的共同体。每个组织都有一定数量的固定成员，并且这些成员是在组织的共同目标和整体利益基础上有机结合而形成的整体，这种群体性的作用是个体力量所无法比拟的。

（2）目的性

任何组织的建立和运作，都是为了追求一定的目的，实现一定的目标。组织的目的是通过组织自身的努力达到期望的理想目标，完成个体所无法完成的多项工作和任务。组织目标的顺利实现，需要组织内部要素之间的协调和配合，充分调动组织上下的积极性，使组织形成一个分工明确、权责明晰的有机整体。

（3）结构性

组织是通过构建的权力结构系统来协调上上下下及各个职能部门或个人之间的活动的，组织需要确立其组织原则、宗旨、规章和制度，从而按照组织结构的权力层级来运作，建立奖惩制度，制约组织成员的活动，维护组织活动的统一。

（4）发展性

组织不会永远停留在一个水平上，它总是随着社会环境的变化而不断调整和改造，使之适应变化的社会环境，在运动状态下不断得到发展和提高。

3. 组织的类型

组织是具有特定目标、职能及一定独立性的社会群体，具有多样性。由于不同组织的组织目标、组织原则及组织利益有着很大的差异，可以将组织划分为不同类型。

（1）按照组织成立的依据与内部关系状态划分

按照组织成立的依据与内部关系状态，组织可分为正式组织和非正式组织。

1）正式组织。正式组织是根据政府和上级行政主管部门的规定和命令而成立，组织成员之间的权责明确，对其性质、目标、职能、宗旨等有严格规定的组织，如政府、学校、军队等。

2）非正式组织。非正式组织由组织成员的兴趣和特长资源组成，组织成员之间的关系比较松散自由，组织的约束力较差，目标、职能、结构的随意性大，如各种协会和群众团体等。

（2）按照组织的性质、功能和获得情况划分

按照组织的性质、功能和获利情况，组织可分为营利性组织和非营利性组织。

1）营利性组织。营利性组织以获得经济利益为目标，追求经济利润是其显著特征，如工商企业、金融企业、邮电企业、交通企业等。

2）非营利性组织。非营利性组织是以为社会提供公益性、互益性服务为宗旨的组织，如社会团体、大部分学校、慈善机构等。

（3）按照组织目标和活动内容划分

按照组织目标和活动内容，组织可分为政治组织、经济组织、文化组织、群众组织和宗教组织。

1）政治组织。政治组织包括党组织、国家政权组织、国家武装力量组织和国家司法机关等。它代表着统治阶级的利益和意志，为其提出奋斗目标、制定方针政策，组织社会的经济文化建设，保卫国家政权，处理与他国的关系。政治组织所要履行的公共关系任务是，力争在人民群众心目中树立一个良好的形象，以便得到广大人民群众的拥护，从而完成其政治职能。

2）经济组织。经济组织是最基本的社会组织，它负担着向人们提供衣、食、住、行和文化娱乐等物质生活资料的任务，实现所有者和经营者的经济利益。经济组织所负担的公共关系任务是建立一个良好的生产经营者形象，争取各类公众的支持，不断增强自己的竞争力。

3）文化组织。文化组织以满足人们的文化需求为目标，以从事文化活动为其基本任务。文化组织的公共关系任务在于塑造优秀的建设者和服务者形象，争取尽可能多的人民群众的支持和参与。

4）群众组织。群众组织是代表群众利益，由广大群众参与的非政治性的社会团体。群众组织的公共关系任务是广泛团结社会各阶层、各领域的人民群众，代表他们的利益，了解他们的意愿，反映他们的需求，组织他们开展多种社会活动，取得社会各界人民群众的支持，扩大群众组织活动的规模和范围。

5）宗教组织。宗教组织是以某种宗教信仰为宗旨而形成的组织。宗教组织的公共关系任务是，在信教群众和宗教界人士心目中树立一个宽和的组织者形象，求得社会各方和人民群众的支持，日益扩大组织活动的规模和范围。

2.1.2 高铁客运组织概述

1. 高铁客运组织的含义

高铁客运组织是承担旅客运输功能的高速铁路系统营利性经营管理组织。高铁客运组织的公共关系任务是与政府与社会群众进行良好互动，以塑造良好形象，争取公众对高铁客运工作的理解与支持。

2. 高铁客运组织的特点

（1）群体性

高铁客运组织是由两个或两个以上的铁路经营管理人员，按照一定的规范结合成的共同体。高铁客运组织群体由一定数量的固定成员，在高铁客运组织的共同目标和整体利益基础上有机结合而成。

（2）目的性

高铁客运组织的建立和运作，是为了能够保障旅客准时高效地到达目的地，同时对

高铁客运组织的生存与发展也具有导向功能，并且对高铁客运组织内的成员具有亲和功能和凝聚作用。

（3）规范性

高铁客运组织具有自己的权力结构体系和奖惩制度，用来规范组织成员的行为，制约组织成员的活动，保证组织上下及各个职能部门的协调性。

（4）稳定性

高铁客运组织是一个相对稳定的实体，它具有一定的机构设置，而且具有明确的章程、权威的领导体系和特定的奋斗目标，并且在一般情况下不会轻易变更。

3. 高铁客运组织的构成要素

高铁客运组织要真正开展活动，充分发挥其特定功能，需要具备以下要素。

（1）组织成员

高铁客运组织的成员必须经过挑选，成员加入组织后，组织的活动要落实到每一个成员身上，使其行使一定的权利，履行一定的义务。高铁客运组织活动的效果和效率取决于成员的素质和工作积极性。

（2）组织目标

组织目标是高铁客运组织及其成员奋斗的方向，是高铁客运组织的灵魂，它决定着组织及其成员所承担的工作任务和实现任务所选择的途径，是高铁客运组织制定和修正方针、路线和政策的依据，也是衡量高铁客运组织活动效果和效率的标准。

（3）组织结构

高铁客运组织包含一定的组织结构，具有一定的章程、机构和设备。高铁客运组织分设若干管理层次和机构，这些不同机构的组合方式构成了组织结构，反映了各机构之间的相互联系和相互作用，是实现组织目标的框架或体制。章程是高铁客运组织的规范性因素，是组织成员活动的依据；机构是高铁客运组织的管理调节系统，具有一个权威的决策机构、完整的执行系统和辅助系统；设备是高铁客运组织活动的物质基础和技术手段，没有设备，高铁客运组织就无法展开工作。

2.2 高铁客运公共关系的客体

高铁客运组织的形象主要是由作为公共关系客体的公众来评定的。高铁客运组织在运行中将面对什么样的公众，其特点如何，其对高铁客运组织是如何做出各种反应的，这将对公共关系工作目标的实现、公共关系活动的成效产生直接影响。因此，正确把握公众概念，对公共关系职业人士来说，具有重要意义。

2.2.1 公众的概念

公共关系中的公众，特指公共关系工作对象的综合，即与一个社会组织发生直接或间接联系，对该组织的生存和发展具有现实的或潜在的影响力的个人、群体和社会组织。这个定义说明了公众是与公共关系主体交流信息的对象，它与公共关系的主体有相关的利益，公众与公共关系活动密切相关。

2.2.2 公众的特点

1. 同质性

能被称为某一组织的特定公众，他们之间必定具有某种内在的同质性，这种同质性就是某些共同点。也就是说，这一社会群体的各个成员都面临着相同或相似的问题，对问题抱着相同或相似的看法，或在行动上有相同或相似的倾向。这些共同的特质，使一些人或者一些群体和组织具有相同或相似的态度和行为，构成组织所面临的公众。这些共同点形成公众的同质性，它是公众存在的基础，也是公共关系活动的最佳切入点。因此，分析和了解自己的公众，必须了解和分析其内在的联系，这样才能从公众群体中区分出不同的对象，找出与公众建立关系的切入点。

2. 相关性

公众的相关性是指公众与组织之间的相关性或相关程度。社会群体虽然广泛存在，但不是每个社会群体都会与所有社会组织发生关系。因此，要确定一个组织的公众，必须界定该组织目标和利益与若干种公众目标和利益的相关之处，从而确定每一种公众的相关性或相关程度，并根据这种相关性来制订组织公共关系的相关计划。

3. 特定性

公共关系学中的公众必须是特定的，他们处在特定的环境之中，在某个特定的领域里面临某个特定的问题，并由此与特定的组织发生特定的关系。特定组织的特定公众可以来自特定地区或某个特定的年龄阶段，有着程度不一的特定性。

4. 可变性

由于社会组织的运行处于动态的过程中，公众对象也处在变化之中。这种变化存在 3 种情况：一是待问题解决，公众就自然消失，但随着新问题的产生，可能又引出新的公众；二是当原来的问题已解决，新问题出现时，公众依然是原来的公众，尽管他们面临的问题变了，与组织的相关程度也变了；三是尽管问题的解决指日可待，但公众的期待值突然升高。因此，任何组织的特定公众的性质、形式、数量、范围等都会随着主体条件、客观环境的变化而变化。

2.2.3 公众的分类

从公众的定义和特点可知，公众有着广泛的含义和复杂的结构。一个组织想要有效开展公共关系工作，必须区别和选择公众，并根据公众的内在规律性进行分类，使公关人员对各类公众进行了解、分析和判断，从而针对不同类型的公众，采取行之有效的策略。

对于公众的分类，可以根据不同的标准从不同的角度进行划分。常见的公众分类有以下几种。

1. 根据公众与社会组织关系的领域划分

根据公众与社会组织关系的领域，公众可以分为内部公众和外部公众。

1）内部公众，即组织内部的成员群体，主要包括组织员工、股东、董事会、顾问、员工家属等，社会组织与这些内部公众所发生的关系，便被称为员工关系、股东关系等。

2）外部公众，是指社会组织外部环境中所面临的公众，即除内部公众以外的其余公众。社会组织的发展依赖外部的公众环境，因此社会组织除了要处理好内部公众关系以外，还要处理好与外部公众的关系，以争取外部公众对组织的理解，建立良好的外部公众环境。外部公众主要包括消费者、社区、政府、媒体、同行组织、供货商、经销商及突发事件公众等。社会组织与这些外部公众发生的关系，被称为顾客关系、社区关系、政府关系、媒介关系和协作关系等。

2. 根据公众的发展情况划分

根据公众的发展情况，公众可以分为潜在公众、自在公众、知晓公众和行动公众。

1）潜在公众。潜在公众是指组织尚未与之发生关联的群体或组织。组织的目标和行为已经引起了某个共同的问题，但公众尚未意识到问题的存在，这个群体就是公关人员的潜在公众。

2）自在公众。自在公众是指已与社会组织发生关联、已具有若干意识但尚未联成自觉群体的公众。在现实社会环境中，某些社会成员由于组织的某种服务或政策变化而面临的问题已经把他们关联起来，但这些个体或群体仍然零散地存在着，形成一个自在的群体，在公共关系职业人员的眼中，这类公众就是自在公众。

3）知晓公众。知晓公众是指对共同问题已经构成群体性的自觉意识的公众。由于知晓公众已经对共同问题构成自觉意识，这种自觉意识将迟早变成一种声音以至行动。他们对任何与问题有关的信息都会发生兴趣，并能做出及时的反馈。知晓公众一旦形成，组织的公共关系专业人员应积极展开活动，及时向他们发布相关信息，进行沟通或劝说，以期早日达成谅解。

4）行动公众。行动公众是指不仅已经知晓问题的存在，而且正在准备或已经采取行动的公众。行动公众是由知晓公众转化而来的。当公众已经意识到问题的存在，而组织又未能及时帮助解决问题时，公众就有可能准备采取行动或已经采取行动。组织应该制订有效的公共关系预案，全力开展公共关系工作。

3. 根据公众对组织的态度划分

根据公众对组织的态度，公众可以分为顺意公众、逆意公众和独立公众。

1）顺意公众。顺意公众是指对组织的政策、行为和产品持赞成意向和支持态度的公众。

2）逆意公众。逆意公众是指对组织有否定意向的公众，组织愿意与公众建立良好的公共关系，但是公众不理解组织，对组织的行为、政策等持否定意见和反对态度，这需要组织通过公关活动消除误解，使公众同组织建立和谐的关系。

3）独立公众。独立公众又称中间型公众，是指对组织的政策和行为不了解、不理解或者有所怀疑，一时还没表明态度或者拿不定主意的公众。这部分公众应该引起组织的重视，如果采取合适的行动，这部分公众会成为组织的顺意公众；如果组织的公关方式不当，这部分公众将会变为逆意公众，不利于组织公共关系的开展。

4. 根据社会组织对公众的认可程序划分

根据社会组织对公众的认可程度，公众可分为受欢迎的公众、不受欢迎的公众和被追求的公众。

1）受欢迎的公众。受欢迎公众是指组织与这类公众能够良好合作，并有着一致的利益。组织对这类公众非常欢迎，而公众也能对组织表示兴趣。这类公众包括企业的股东、赞助商等。

2）不受欢迎的公众。不受欢迎的公众是指那些对组织的目标、利益、发展都无益的公众，这些公众被组织视为发展的阻力因素，组织担心他们违背组织的利益和愿望，对组织构成潜在和现实的威胁。

3）被追求的公众。被追求的公众是指能够很好地满足组织的利益和需要的公众，但是这些公众对组织不够熟悉，组织与之缺乏交往。对这些公众，组织会千方百计地与之建立联系，积极开展公关工作，以建立良好关系，从而满足组织的某些利益和需要。

5. 根据公众对组织的重要程度划分

根据公众对组织的重要程度，组织可以分为重要公众、次要公众和边缘公众。

1）重要公众。重要公众是指对组织的生存和发展具有重大影响和制约力的公众。

2）次要公众。次要公众是指与组织不发生直接利益关系，但对组织的生存和发展有影响的公众。

3）边缘公众。边缘公众是指那些既不属于重要公众，也非次要公众的公众。他们与组织有联系，但是距离组织各项工作较远，这类公众往往得不到组织的足够重视。

小资料 2-2

中国高铁动车组发送旅客突破 50 亿人次

自 2008 年京津城际铁路开通运营以来，截至 2016 年 7 月 11 日，中国高铁动车组累计发送旅客已突破 50 亿人次，旅客发送量年均增长 30%以上。安全正点、快捷舒适、绿色环保的高速铁路越来越受到百姓青睐，正在改变着中国人的出行方式，助推中国经济社会发展。

建成了日益完善的中国高速铁路网。近年来，在中国政府的高度重视和大力推动下，中国铁路事业迅速发展。截至 2015 年年底，全国高铁运营里程突破 1.9 万千米，占世界高铁运营里程的 60%以上。我国高速铁路“四纵四横”主骨架基本形成，高速铁路与其他铁路共同构成的快速客运网已超过 4 万千米以上，基本覆盖中国 50 万以上人口的城市，以北京、上海、广州为中心，向周边区域辐射的 5 小时旅行圈已经形成。高速铁路的开通极大地拉近了城市间的距离。2014 年年底开通的贵阳至广州高铁，使两地间的旅行时间由开通前的 21 小时压缩至 4 小时。在长三角、珠三角、环渤海等城市群，相邻城市间“同城效应”凸显，已形成 1～3 小时高铁生活圈。

建立了安全高效的高速铁路运营管理体系。目前全路每天开行高速动车组 4200 多列，运送旅客 400 多万人次。日常运营的高铁动车组列车有 8 辆和 16 辆两种固定编组，在客流高峰期，将两列 8 辆编组的动车组重联运行，满足大运量的旅客运输需求。采用公交化、高密度的列车开行方式，旅客基本可以实现随到随走。中国高速铁路先进的调度指挥系统，实现了 200～250 千米和 300 千米不同速度等级列车的跨线运行。近年来，随着高铁列车运行图的不断优化，高铁列车的运营时间从 6 时至 24 时，使旅客出行更加便利。在北京、上海、广州等大城市间开行的夜间高铁动卧列车，夜行 2000 多千米，实现了夕发朝至。按照“零距离换乘”理念，打造现代化客运枢纽和旅客中转换乘中心，高铁车站与城市公交系统及机场融为一体。基于互联网信息技术的新一代铁路客票系统的研发使用，让百姓买票彻夜排队、乘火车拥挤不堪的现象成为历史。

中国铁路以人民群众满意为根本标准，不断提升高铁服务品质。我国投入运营的动车组已有 2395 组，居世界首位，安全运行里程超过 37.4 亿千米。2015 年全路高铁旅客发送量完成 11.61 亿人次，旅客周转量完成 4041.0 亿人千米，分别占全路总量的 45.8%和 33.8%，约占世界高铁的 60%和 65%。在世界上，中国完成高铁工作量最多，高铁的安全运输规模最大。中国高铁形成了基础设施、移动装备、综合检测、防灾减灾、应急救援融为一体的安全风险管理体系。据国际铁路联盟（International Union of Railways，UIC）和欧洲铁路管理局（European Railway Agency，ERA）统计资料，中国铁路安全运营水平是世界各国中最高的。

中国高速铁路使旅客旅行时间比普速铁路普遍缩短一半以上，同时保持很高的正点率。2015 年全路动车组始发正点率达 98.8%，终到正点率达 95.4%。动车组占全路开行旅客列车的 63%，高铁已经成为中国人出行的主要方式。中国高速铁路成为推动国家经济社会发展的强大引擎。与 2007 年相比，2015 年高铁列车占旅客发送量比重由 4.5%增长到 45.8%，动车组单日旅客最高发送量达 628 万人次。

（资料来源：中国国家铁路集团有限公司，2016. 中国高铁动车组发送旅客突破 50 亿人次[EB/OL].（2016-07-22）[2019-03-27]. http://www.china-railway.com.cn/xwzx/ywsl/201812/t20181214_78192.html.）

2.3 高铁客运公共关系的手段

对于整合协调高铁客运组织与公众利益的公共关系来说，传播与沟通是公共关系必不可少的要素之一，也是公共关系最基本的手段。

2.3.1 传播与沟通的内涵

1. 传播

传播是指人类社会中的信息传递、交流、分享与沟通的过程。由于受早期传播思想和传播研究方法的影响，人们习惯把传播理解为一种单向的、大量的、大范围的散布、扩散某种信息的行为。在现代理论研究中，传播至少包含 3 个方面的内容：一是信息传递，即某一信息源将信息传递到某一目的地的活动；二是双向交流，即在传播中的双方都是信息传递的参与者，他们之间相互影响，构成信息上的相互交流关系；三是信息共享，即在传播中，双方通过分享信息，在某种程度上取得一致的认识、了解、理解或意向，达到相互沟通的效果。

传播是人类的一种基本社会行为。不管有意还是无意，人们随时都在进行传播。

2. 沟通

沟通与传播是相互作用的，沟通必须由两个或两个以上的人进行，沟通的各方都可以向对象传播信息，也可以反馈信息，并且沟通的各方互相理解并有所交流。传播信息的各方沟通得越充分，沟通就越顺畅，信息的传递也就越完整，因此，沟通在信息传播中占据着非常重要的地位。

2.3.2 传播的要素和模式

1. 传播的要素

1）信息源。信息源也称信息发送者，是信息传播的主体，也是传播过程的起点，既可能是个人，也可能是组织。

2）信息。信息就是传播的内容，是传播主体所表达的观念、需要、意愿等。传播

的信息内容是多种多样的，它既可以是客观事实，也可以是个人的主观感受和情感反应。

3）编码。信息发送者通常会以一定的形式输出信息，可能会根据需要采取各种语言或非语言形式，以使信息接收者能够接收和理解信息内容。

4）通道。通道也称渠道，是指传送信息的媒介。信息必须以通道为载体才能流动。

5）解码。解码也称译码，是信息接收者将接收到的编码信息翻译为自己能够知觉的形式并加以理解的过程。

6）接收者。接收者是信息传播的对象，在传播过程中被动地接收信息。接收者可能是个体，也可能是组织。在双向沟通中，信息发送者与信息接收者的身份是不断改变的。

7）反馈。反馈是信息接收者对传递信息的反应。通过反馈信息，接收者将解码后的信息返还给信息源，使信息发送者对信息的传递情况和接收者的理解情况进行核实，以便及时调整沟通内容。

2. 传播的模式

传播的模式如图 2-1 所示。

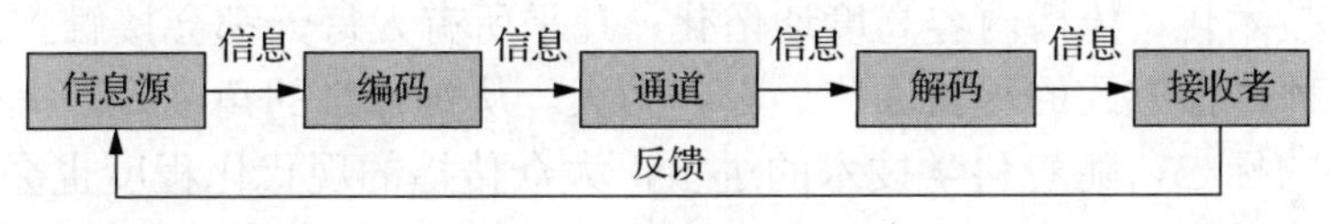

图 2-1　传播的模式

2.3.3　传播的基本方式及特点

1. 自我传播

自我传播是一种个体自我交流的传播方式。这类传播方式最主要的特点是传播的主体和客体是相同的，即主客一体的信息交流沟通方式，如自我反省、自言自语、自我安慰、自我陶醉、思想斗争、内心冲突等。这种个体在进行自我传播时仍进行其他对外交流沟通，以及应付对外交流沟通中出现的各种变化。通过自我沟通，人在受到外界冲击时，达到自我的心理调节，以更有效地适应多变的外部环境。

2. 人际传播

人际传播是指个人与个人之间直接进行信息沟通交流的传播方式。人际传播可分为面对面的人际交流和通过媒介的直接接触两种类型。这是一种较为普遍的传播方式。这种传播方式的特点：①私人性。人际传播是属于两个个体之间的私人行为，如同学间、朋友间、夫妻间、同事间的交流。②参与度高。在人际传播中，参与的双方互为主客，在沟通中双方可以根据需要不断调整沟通的氛围，尽量做到平等沟通，从而形成良好的人际关系。

3. 群体传播

群体传播是指介于人际传播和大众传播的传播方式。这种传播方式的特点是传播者通过媒介或面对面的方式向大量的受众进行直接的信息传递与沟通。群体传播的主体既可以是个体，也可以是组织。它是一种直接的传播，不具有人际传播的私人性特点。群体传播的客体是有特定空间的群体，是一种面对大众的传播，但其客体又不同于大众传播那种在空间上彼此分散的受众。群体传播虽然是一种直接的传播方式，但因为其受众比较多，又没有人际传播的参与度高，所以其信息反馈比人际传播要慢些，但总的来说它的传播效果还是可以通过及时的反馈来取得的。由于群体传播的受众相对集中，群体形成的气氛和特定的空间氛围对传播有较明显的影响。

4. 大众传播

大众传播是通过大众传播媒介，如报纸、杂志、电视、网络、广播等，将信息传递给分散的大众的一种传播方式。其特点是传播机构高度专业化、传播对象高度大众化、传播手段高度技术化、传播内容高度通俗化。几乎所有人每天都会接触到这些大众传播媒介，因此这种传播方式的覆盖面广、影响力大。从传播学的角度看，大众传播是现代社会高度发展的标志，随着科学技术的进步，大众传播的现代化程度也会进一步提高，其作用也会越发重要。

5. 组织传播

组织传播是组织与其成员及其所处环境之间的传播与沟通。其特点在于传播的主体是组织，传播的对象十分复杂、广泛，组织传播有着明确的目的性。一个组织在日常工作中所进行的组织内部的上下沟通、平行沟通，以及与组织外部所进行的各种交流，均属于这种传播的表现。从传播学的角度看，组织传播是疏通组织内外沟通渠道、密切组织内外关系的一种重要传播方式。

小资料 2-3

中外记者“复兴号”上体验了解中国高铁发展成就

2018 年 12 月 10 日，由中国共产党中央委员会宣传部对外新闻局组织的 23 家媒体共 39 名中外记者集体乘坐 G111 次“复兴号”列车，体验了解中国高铁发展成就，并就感兴趣的高铁话题与中国铁路总公司科技和信息化部相关负责人及铁路科研人员、一线职工进行了互动交流。

8 时 35 分，列车缓缓驶出北京南站。一落座，记者们便认真翻看《快速发展的中国高速铁路》一书，对中国高铁发展概况有了初步了解。随着列车一路前行，中国铁路总公司科技和信息化部副主任齐延辉介绍了中国高铁发展成就和技术创新情况，中国铁道科学研究院集团有限公司首席研究员赵红卫介绍了“复兴号”高铁研发情况，中国铁路济南局集团有限公司铁路线路维护技术专家工作室首席导师吕关仁介绍了高铁线路基础设施维

护和管理情况，中国铁路西安局集团有限公司西安动车段动车组机械师董洪涛介绍了动车组日常检修情况。

中国高铁的发展历程是中国改革开放 40 多年伟大成就的一个缩影。听着 4 位铁路专家的讲解，记者们不住点头，为中国高铁点赞，为工匠精神点赞。不少人掏出手机，认真记录车厢显示屏上不断攀升的速度数值。

在随后的记者问答环节，泰晤士报、朝日电视台、意大利共和国报等媒体记者围绕铁路提速、中外技术合作交流等方面进行了提问，4 名铁路专家认真解答，并表示中国铁路愿为世界铁路的建设发展提供中国方案，共享高铁发展成果。

彭博新闻社记者是第一次乘坐中国高铁，当问及乘坐感受时，他竖起大拇指称赞："非常平稳、印象深刻！"意大利共和国报记者兴奋地说："我坐过包括京沪高铁在内的很多趟中国高铁，感觉准点率很高，网络覆盖很广，乘车体验非常好！"

（资料来源：中国国家铁路集团有限公司，2018. 中外记者复兴号上体验了解中国高铁发展成就[EB/OL].（2018-12-12）[2019-04-02]. http://www.china-railway.com.cn/xwzx/rdzt/ppzl/201812/t20181224_91489.html.）

2.3.4　沟通的过程、原则、方向及网络

1. 沟通的过程

沟通的过程分为以下 4 个步骤。

第一步：信息源（发送者）进行心理上的编码，将客观环境中的客观信息（物理信息和符号信息）转变成一个可以传递和理解的信息。

第二步：通过媒介物传递信息。处于这一阶段的信息已经不再是客观的外在信息，此时的信息包括 3 个方面的内容，分别是用以传递意义的信号群、信息本身的内容和发送者对编码信息的选择和安排。

第三步：信息通过解码传递给信息接收者。接收者是指信息指向的客体，而解码是与编码相对应的，是指信息接收者将通道中加载的信息翻译成他自己能够理解的形式。

第四步：信息反馈。如果信息接收者在解码之后将所接收到的信息返回给发送者，这就意味着反馈。

2. 沟通的原则

1）准确性。沟通的目的是要将发送者的信息传递给接收者并被其理解，因此，信息沟通所用的语言和传递方式应能被接收者理解，这样传递的信息才是准确的，这种沟通才具有价值。在公共关系的沟通中，沟通需要双向进行，组织与公众进行沟通时，应该创造一个沟通的公共区域，即可以交流的范围。另外，共同的经验范围是建立沟通的基础，公共关系的沟通必须具备反馈意识，沟通双方在互相理解后要有反馈并根据反馈来进行自我调节。

2）完整性。当发送者传递给接收者的是完整无缺的信息时，沟通的有效性更高。在组织中，信息沟通必须保持完整，片面的、不完整的信息会对组织造成不可估量的负

面影响。

3）及时性。信息的价值具有一定的时间限制，因而信息沟通需要遵循及时性原则。在处理公共关系的实际工作中，由于发送者拖延、通道阻塞或接收者重视程度不够等因素，沟通的信息经常会延迟，这样沟通就会变得毫无意义，甚至会给组织带来一定的风险。

3. 沟通的方向

1）下行沟通。在群体和组织中，沿着权力层级结构自上而下进行的信息传递和交流，称为下行沟通。下行沟通是传统组织里最主要的沟通方式，在组织内部，上级和下属之间的信息交流基本上属于下行沟通。这种沟通方式由于需要层层传达，信息容易发生歪曲甚至遗失，并且过程迟缓。由于公共关系的沟通强调时效性，下行沟通很容易影响沟通效果。

2）上行沟通。在群体和组织中，沿着权力层级结构自下而上进行的信息传递和交流，称为上行沟通。下属一般通过上行沟通向上级汇报当前工作的进展情况和出现的问题。在公共关系的上行沟通中，上级是信息的接收者，他们从沟通中获得公共关系问题的相关信息，鼓励下属通过上行沟通来征求合理化建议和意见，激发下属解决问题的积极性和创造性。

3）横向沟通。横向沟通主要是指在同一水平层级上的不同人员之间、群体之间发生的信息传递和交流。横向沟通主要存在于有协作关系的人与人或者部门与部门之间。在处理公共关系问题时，横向沟通节省时间并且容易促进合作，但也可能导致失调的人际关系冲突。

4）斜向沟通。斜向沟通主要是指在同时跨部门和跨权力层级的人员或群体之间发生的信息传递与交流。由于公共关系问题的发生可能涉及多层级和多部门，在公共关系问题的处理中，需要进行斜向沟通，这种沟通不在统一部门和统一组织层级上，从解决问题的效率和速度上来说，斜向沟通有助于问题的解决，但是如果处理公共关系问题的人员不通报上级就直接与外部交流信息，斜向沟通就会造成一些问题。

小资料 2-4

中欧班列运输协调委员会第三次全体会议在成都召开

2018 年 12 月 11～12 日，中欧班列运输协调委员会第三次全体会议在成都召开。推进“一带一路”建设工作领导小组办公室、中国铁路总公司、全国 44 个中欧班列经营管理相关企业和单位及研究机构代表共计 110 余人参加会议，总结中欧班列本年度工作，研究下年度工作安排，研讨交流中欧班列发展中的重大事项和问题。

中欧班列运输协调委员会成立于 2017 年 5 月，是由中国铁路总公司倡议，中铁集装箱运输有限责任公司与重庆、成都、郑州、武汉、苏州、义乌、西安 7 家地方平台公司共同发起，搭建的中欧班列合作共赢、规范有序、健康持续发展的共商共建共享新平台。自成立以来，该委员会在制度机制建设、优化班列组织、提升服务品质、推动国际协调、扩大品牌影响等方面做了大量工作，对推动中欧班列高质量发展发挥了积极作用。目前，中

欧班列已累计开行超过 12 000 列，仅 2018 年 1～11 月，开行就达 5611 列，同比增长 72%，全年开行数量有望突破 6000 列，提前两年实现“年开行 5000 列”目标。在保持运量高速增长的同时，中欧班列双向运输日趋均衡，回程班列数量与去程班列的占比已达到 70% 以上；开行范围不断扩大，国内开行城市 56 个，可通达欧洲 15 个国家 49 个城市。随着国际品牌效应的不断彰显，中欧班列已成为我国与“一带一路”沿线国家联系最为紧密的纽带和共建“一带一路”的标志性成果。

为进一步推进中欧班列运行高质量发展，本次会议研究通过了《中欧班列运输协调委员会成员管理办法》《中欧班列高质量发展评价指标》等制度文件，确定了建立中欧班列高质量发展评价指标、统一对外议价、开展宽轨段“三列并两列”集并运输、加强安全防范保障、建立完善班列信息通报制度等 2019 年委员会重点工作，同时还吸纳了 7 个新成员，进一步扩大了委员会的朋友圈。

2019 年，该委员会将认真贯彻落实新时代推进中欧班列高质量发展的总体要求，切实履行工作职责，加大对确定研究事项的攻关力度，推动中欧班列保持健康有序发展势头，为服务和落实“一带一路”建设做出新的更大贡献。

（资料来源：郑晨，傅洛炜，2018. 中欧班列运输协调委员会第三次全体会议在成都召开[EB/OL].（2018-12-14）[2019-04-05]. http://news.tielu.cn/zixun/2018-12-14/177013.html.）

4. 沟通网络

信息的沟通都是借助一定的渠道进行的，由各沟通渠道所组成的结构形式称为沟通网络。在公共关系中，主要利用组织沟通网络进行沟通。组织的沟通网络主要分为正式沟通网络和非正式沟通网络。

（1）正式沟通网络

正式沟通网络是指按组织明文规定的原则和方式进行的信息传递与交流。正式沟通网络有 5 种基本模式：链式、环式、轮式、Y 式和全通道式（图 2-2）。

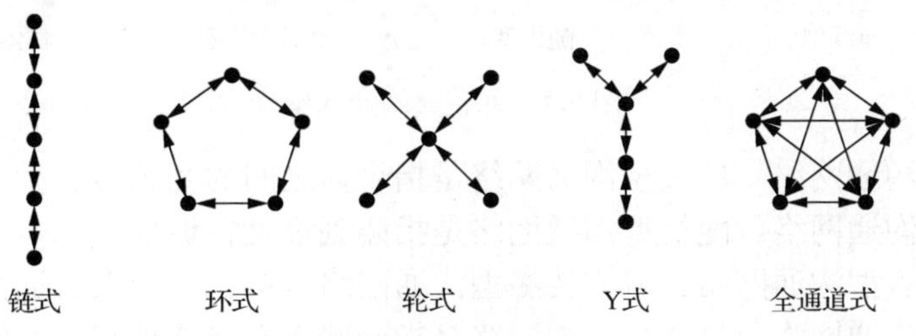

图 2-2　正式沟通网络

1）链式沟通网络。链式沟通网络发生在一种直线型的层级结构中，沟通只能向上或向下进行，且每一个上级只有一个下属向他汇报，而每一个下属也只向一个上级报告。

2）环式沟通网络。在环式沟通网络下，组织成员只能与相邻的成员进行沟通，即沟通只能发生在同部门成员之间或直接上下级之间，不能跨部门沟通，也不能越级沟通。

3）轮式沟通网络。在轮式沟通网络下，不同下属向同一个上级报告，但下属之间不能沟通。

4）Y 式沟通网络。Y 式沟通网络只有垂直结构。在这种沟通网络下，组织的权力集中度高，解决问题的速度快，但由于信息传递的层级较多，信息容易失真。

5）全通道式沟通网络。全通道式沟通网络是一种开放型的沟通模式。在这种沟通网络下，每一个组织成员可以自由地与其他成员沟通，沟通速度快，但由于沟通渠道太多，容易造成混乱并降低所传递信息的准确度。

根据巴维拉斯的试验结果，部分沟通网络的特点见表 2-1。

表 2-1　部分沟通网络的特点

项目	沟通网络		
	链式	环式	轮式
解决问题的速度	次快	慢	快
正确性	高	低	高
领导者的突出	显著	不发生	非常显著
士气	低	高	非常低
团体作业的组织变化	慢慢产生组织化，组织相当稳定	不易产生组织化	迅速产生组织化，组织稳定

通过上述简要分析可以看出，每类沟通网络各有所长，没有绝对的好坏之分，只有适用条件的不同，因此，在面对公共关系问题时，要根据需要选择合理的沟通网络与公众进行沟通。

（2）非正式沟通网络

非正式沟通网络是指正式沟通途径以外的、不受组织层级结构限制的沟通方式。非正式沟通网络的类型大致有 4 种：单线型、随机型、传播流言型和群体型（图 2-3）。

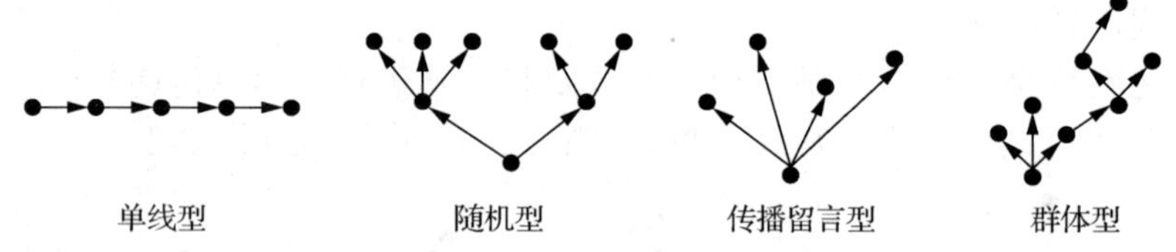

图 2-3　非正式沟通网络

1）单线型沟通网络。单线型沟通网络是指个体之间的互相转告。

2）随机型沟通网络。随机型沟通网络是指碰到谁就告诉谁。

3）传播流言型沟通网络。流言传播型沟通网络是指由一个人告诉其他所有人。

4）群体型沟通网络。群体型沟通网络是指一些人有选择地转告其他人。

非正式沟通的主要功能是传播员工所关心的信息，体现员工的个人兴趣和利益，与组织要求无关。它的特点是不拘形式、直接明了、传递迅速、效率较高，但信息内容可能不准确，甚至会被有意无意地误传。非正式沟通既有积极的（即可以弥补正式沟通的不足）一面，又有消极的（即可能加剧信息失真和歪曲程度）一面。

通过上述简要分析可以看出，各类非正式沟通网络各有所长，没有绝对的好坏之分，只有适用条件的不同，因此，在面对公共关系问题时，要根据需要选择合理的沟通网络与公众进行沟通。

一、名词解释

高铁客运组织　公众　传播与沟通

二、思考题

1．高铁客运公共关系的主体是什么？
2．公众有哪些类型？
3．传播与沟通的基本方式有哪些？
4．沟通有哪些原则？

三、案例分析题

2018 年 7 月 14 日，《经济日报》记者陈博报道：欧洲审计法院发布报告认为，鉴于欧盟与成员国之间存在协调缺陷，欧盟境内的高速铁路网络建设计划正面临瓶颈。报告还指出，欧洲高速铁路网络面临兼容性问题，各欧盟成员国之间亦缺乏有效协调，导致全欧境内的铁路网络如同“大杂烩”。

自 2000 年以来，欧盟提供了约 237 亿欧元的融资额度，用以支持跨国高速铁路网建设。但是，欧盟各成员国对该项目的支持力度极为有限，在过去 18 年内，跨境高速铁路建设并未成为成员国的优先建设事项。与此同时，欧盟委员会既没有法律工具，亦无实际行政权力敦促各国完成相关建设项目。

通过调研发现，欧盟境内的高速铁路建设效费比过低。一方面，当前欧盟境内高速火车行驶的平均速度仅达到了设计最高时速的 45%，没有凸显出速度优势。另一方面，在西班牙、意大利、德国、葡萄牙和奥地利等国，虽然高速铁路网络的总长度有所增长，但鉴于平均每千米的高铁线路修建成本已经达到了 2500 万美元，大多数成员国政府已缺乏进一步实施跨国铁路建设的兴趣。

据悉，欧盟此前计划在 2030 年之前将高速铁路线路总长度扩展至 3 万千米。但报告认为，当前在欧洲境内的铁路修建过程中，预算超支与工程延期已经成为普遍现象，因此上述计划恐将无法实现。欧洲审计法院据此敦促欧盟委员会，未来应针对高速铁路建设项目制定“符合实际的长期规划”，并在规划过程中，加强与各成员国的政策沟通，保证欧盟资助的建设项目顺利落地实施。

（资料来源：陈博，2018-07-14. 欧盟高铁网建设遇瓶颈[N]. 经济日报（6）.）

分析：

1．在本案例中，欧盟境内的高速铁路网络建设计划面临瓶颈的原因是什么？
2．结合案例分析参与欧盟高速铁路网络建设各方可以采用哪些方式进行沟通。

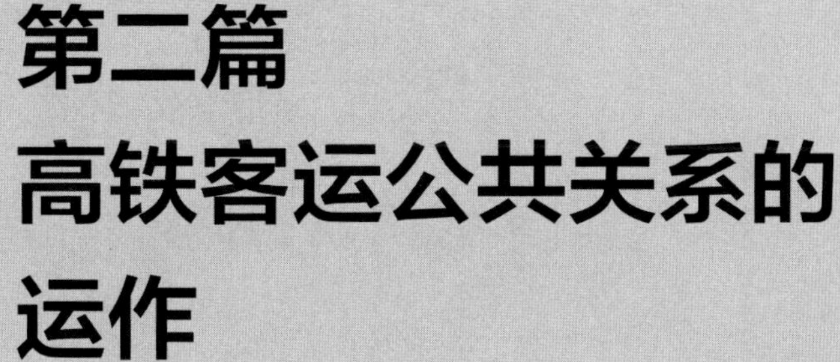

第二篇 高铁客运公共关系的运作

第3章

高铁客运公共关系的调查

学习目标

1．了解高铁客运组织内外公众状况的调查。
2．了解高铁客运组织面临的社会环境的调查。
3．了解高铁客运组织的形象调查。
4．了解高铁客运公共关系的公众舆论调查的方法。

高铁公共关系是一门理论和实践并重的实用性学科，尽管高铁公共关系工作内容是复杂的、灵活的、多变的，但高铁公共关系的运作过程依然是有章可循的。

美国公共关系专家R.西蒙曾经说过，不论人们如何表达公共关系活动的流程，调查研究都是举足轻重的。如果把公共关系活动视为一个“车轮”，调查研究便是这个车轮的“轴”。“车轴论”形象说明了公共关系调查在高铁公共关系中的地位和作用。

高铁公共关系调查是组织高铁公共关系活动的开端和基础。高铁公共关系方案的策划、实施，以及高铁公共关系的评估都必须建立在调查的前提和基础之上，如此才能保证公共关系活动的科学性和可预测性。

小资料 3-1

高铁无轨站畅通老区百姓务工路

“坐上高铁无轨站大巴直接就到百色站了，中间不用转车，方便得很。”2019 年 2 月 14 日 9 时 40 分，在百色站乘坐 D3804 次列车前往广州打工的凌云县旅客牛雄伟说。

百色革命老区是广西重要的务工人员输出地。每年农历正月初三至十五前后，是当地外出务工人员集中出行的高峰时段。中国铁路南宁局集团有限公司积极扩充运能，发挥西部贫困地区高铁无轨站全覆盖的优势，畅通外出务工人员出行路。

中国铁路南宁局集团有限公司提前调查春节后百色地区外出务工人员的出行需求，做好运力调配，增加开往珠三角、长三角等地区的运能，使每天固定开行的客车数量增加至 93 趟，其中动车组列车 77 趟；加强售票组织，根据客流情况因地制宜设置取票专窗、车次专窗，实行售退分开、售取分开，避免旅客排长队购票。

为让外出务工人员出行更加方便快捷，主要负责百色地区铁路客运工作的百色车务段加强与高铁无轨站运营方的联系沟通，根据客流变化情况调整接驳大巴运行时刻，合理安排大巴开行班次，使大巴、高铁的换乘无缝衔接。百色车务段还在百色站安排青年志愿者为外出务工人员准备热茶、姜糖水，让旅客温暖出行。

据了解，2019 年 2 月 7 日至 14 日，百色站迎来外出务工人员出行高峰，高铁无轨站接驳大巴累计运送旅客 3100 多人次。

（资料来源：中国国家铁路集团有限公司，2019. 高铁无轨站畅通老区百姓务工路 [EB/OL].（2019-02-21）[2019-04-09]. http://www.china-railway.com.cn/xwzx/zhxw/201902/t20190221_92659.html.）

3.1 高铁客运公共关系的环境调查

3.1.1　高铁客运组织内外公众状况的调查

1. 公众调查需掌握的资料

1）背景资料，包括被调查者的姓名、年龄、性别、籍贯住址、文化程度、职业、收入情况、家庭情况等。

2）知晓度资料，是指被调查者对某一问题、某一事件、某一形势、某项计划、某段时期的知晓程度。

3）态度资料，是指被调查者对各种对象的态度。态度分为延缓性和即时性两种，延缓性态度是指一个人在相当长的一个时期内起作用的价值观，即时性态度是指一个人对某一事物的态度。

4）行为资料，是指被调查者就某个问题正在或者已经采取行动的情况。

从上述 4 种公众情况资料就可以确定公众的构成、公众的数量、公众的类型、公众的活跃程度，以此推导出公众的状态。

2. 公众调查的具体内容

1）高铁客运组织内部基本情况的调查包括组织领导层的情况、组织内部员工的情况、组织现实的工作或经营状况、组织的经济状况。

2）组织外部公众意见的调查包括组织的知名度、组织的美誉度、组织的信任度、组织被公众评价的情况。

3.1.2　高铁客运组织面临的社会环境的调查

1. 政治法律环境

政治法律环境是指对组织经营活动具有实际与潜在影响的政治力量和有关的法律、法规等因素。当政治制度与体制、政府对组织所经营业务的态度发生变化，或政府发布了对企业经营具有约束力的法律、法规时，企业的经营战略必须随之做出调整。政治法律环境对组织的行为起着限制作用，因此是社会环境调查的重点。

2. 经济技术环境

经济技术环境主要是指市场环境。其中经济环境侧重于一个国家或地区的经济制度、经济结构、物质资源、经济发展水平、消费结构、消费水平及未来的发展趋势等状况。技术环境则主要侧重于目标市场的技术水平、技术特征、技术要求、技术标准、技术类型等。经济技术环境的变化，影响和制约着组织公共关系的开展，只有把握国际国内经济形势，了解不同地区的经济技术发展水平，才能做出正确的经营决策，保证组织在错综复杂的市场环境中求得生存和发展。

3. 社会文化环境

社会文化环境是指一个国家和地区的人口结构、家庭状况、文化教育水平、生活习俗、社会规范和文化观念等的综合。社会上的重大事件、重大问题、社会思潮都可能对员工和组织的前途命运产生影响。

4. 其他同行组织的公共关系工作状况

其他同行组织的公共关系工作状况包括其他同行组织工作的规模和特点，公共关系活动的进程，公共关系活动的方式和技巧、经验和教训。

小资料 3-2

铁路运输经营交出亮丽成绩单

2018 年上半年，中国铁路总公司坚持以习近平新时代中国特色社会主义思想为指导，认真贯彻执行党中央、国务院的决策部署，按照高质量发展的要求，坚持稳中求进工作总基调，聚焦交通强国、铁路先行，深化强基达标、提质增效，持续推进运输供给侧结构性改革，国家铁路客货运输主要指标均实现同比大幅增长，交出了一份亮丽的铁路运输经营“期中”成绩单，为实现全年目标任务奠定了坚实基础。

2018 年以来，中国铁路总公司坚决贯彻落实习近平总书记对铁路工作的重要批示指示精神，主动服务防治污染攻坚战、深化供给侧结构性改革、区域协调发展等国家战略，集中力量推进货运增量行动、客运提质计划和“复兴号”品牌战略三大举措，运输供给质量进一步提升。

在调查研究和充分论证的基础上，中国铁路总公司研究制订《2018—2020 年货运增量行动方案》，进一步提升运输能力，降低物流成本，优化产品供给。为落实该方案，中国铁路总公司制定了详细的时间表、路线图和配套措施。2018 年上半年，以“六线六区域”为重点，全路各单位积极组织货运增运增收，国家铁路货运量完成 15.49 亿吨，同比增长 7.5%。

大宗运量不断巩固扩大。铁路部门积极发挥铁路在大宗运输、中长途运输中的骨干作用，以中长协运输为抓手，保证 247 条大宗直达运行线兑现；着力抓好大秦、唐呼、瓦日线万吨列车满图开行，以及陕煤、疆煤外运组织，有力确保了煤炭运量稳定增长。2018 年上半年，国家铁路煤炭运量完成 8.22 亿吨，同比增长 11.4%。

大力发展多式联运。铁路部门推进路港基础设施和信息管理无缝衔接，推动了集装箱海铁联运快速增长；落实长江经济带发展战略，持续加大沿江集装箱班列开行组织力度，沿江班列开行规模和质量显著提高。上半年，集装箱运量同比增长 44.5%。积极发展商品

汽车、冷链物流，上半年同比增长分别为 28.2%和 32.2%。

落实增值税税率下调政策。为贯彻落实中央减税降负的精神和要求，支持实体经济发展，进一步降低社会物流成本，2018 年 5 月 1 日起，铁路运输服务增值税税率从 11%降至 10%。铁路总公司同时下调铁路主要货物运价，全年将为社会降低物流费用超过 30 亿元。

与此同时，铁路总公司积极担当社会政治责任，全力保障关系国计民生的重点物资运输，顺利完成电煤、东北粮食等应急保供任务。2018 年上半年，全路电煤日均装车同比增长 20.8%。

中欧班列开行质量不断提高。围绕服务“一带一路”建设，以发展国际铁路物流和推进政府间合作项目为重点，铁路部门不断完善国际运输合作和协调机制，强化中欧班列开行组织。2018 年上半年，中欧班列开行 2497 列，同比增长 69%；其中，回程班列 1014 列，同比增长 100%，占去程班列比例达 68%，同比增长 16 个百分点。

客运方面，以深化客运供给侧结构性改革为主线，铁路部门持续扩大高质量客运有效供给，旅客出行的获得感和满足感进一步增强。2018 年 1 月至 6 月，国家铁路发送旅客 15.91 亿人次，同比增长 7.7%，旅客发送量完成进度为近 3 年最好水平。

产品供给体系不断优化。2018 年以来，铁路部门顺利实施了 2018 年第一、二阶段列车运行图调整，进一步发挥高铁成网优势，持续优化旅客列车开行结构。江湛、昆楚大等两条新线开通运营，全国高铁网持续完善。南京至武汉、柳州至南宁高铁按时速 250 千米运营，广西两个中心城市真正进入“1 小时高铁交通圈”，旅行时间得到进一步压缩。

运力管理机制创新完善，春运、小长假运输屡创新高。铁路部门实行市场化的动车组开行方案，努力实现运力投放与客流需求精准匹配，满足日常、周末、小长假、春运暑运及突发客流的需求。2018 年春运，国家铁路部门发送旅客 3.75 亿人次，高峰日达 1264 万人次，均创春运历史新高。春运期间铁路产出增幅明显高于投入增幅，装备增幅、能力增幅、运量增幅和收入增幅梯次扩大，反映出装备运用效率更高、能力利用更充分、产品结构更优化。清明、“五一、”端午小长假，一系列指标刷新历史纪录。其中，2018 年 5 月 1 日全路动车组发送旅客 859.2 万人次，创动车组单日发送旅客最高纪录。

客运服务质量稳步提升。2018 年以来，铁路部门继续狠抓基本服务整治，大力推进“厕所革命”“畅通工程”、智能导航、便民托运、互联网订餐、常旅客服务、自助实名验证等重点工作，旅客出行体验持续改善。截至 2018 年 6 月底，270 万人正式成为常旅客会员，互联网订餐点和特产预订站扩大到 38 个。

2018 年以来，铁路部门制定并实施落实“复兴号”品牌战略，更多的“复兴号”奔驰在祖国广袤的大地上，通达至 23 个直辖市、省会城市和自治区首府；强化“复兴号”安全保障措施，打造“复兴号”服务品牌，推进高铁网+互联网“双网融合”，不断丰富“复兴号”家族体系。截至 2018 年 6 月 26 日，“复兴号”动车组上线运营满一周年，累计发送旅客 4130 万人次，单日最高客座率达 97.6%，“复兴号”的品牌美誉度和影响力持续提升。

（资料来源：中国国家铁路集团有限公司，2018. 上半年铁路运输经营交出亮丽成绩单 [EB/OL].（2018-07-31）[2019-04-11]. http://www.china-railway.com.cn/xwzx/ywsl/201812/t20181214_77559.html.）

3.2 高铁客运组织的形象调查

高铁客运组织形象是社会公众对组织的全部看法和评价，组织形象的好坏直接影响到组织的生存与发展，良好的组织形象是组织的无形资产。一个组织要树立良好的组织形象，得到社会公众的好评，必须符合公众利益。高铁客运公共关系调查的基本任务，就是了解公众对组织的意见、态度及反映，对组织形象及其社会信誉做到心中有数。寻求组织形象的自我评价与公众评价的差距，以便根据这种差距调整组织形象及信誉。

3.2.1 高铁客运组织自我期望形象的调查

高铁客运组织自我期望形象是指高铁客运组织自己期望建立的形象，它是一个组织公共关系工作的内在动力、基本方向和目标。作为动力和方向，对自我期望形象的要求越高，高铁客运组织自觉做出公共关系方面努力的可能性就越大。科学的自我期望形象调查应包括 3 个方面：首先，对组织领导层的公共关系目标和要求进行调查；其次，调查组织员工的要求和评价；最后，对组织的实际状况和基本条件进行调查。通过调查，从主观愿望和实际可能的结合上确定本组织的自我期望形象。

3.2.2 高铁客运组织实际形象的调查

高铁客运组织实际形象的调查需要高铁客运组织利用各种调查方法了解本组织在公众中享有的知名度和美誉度，主要包括以下两个方面。

1）公众网络分析，即对本组织的公众范围、公众分类、主要目标公众等进行调查分析，通过辨认公众、甄别对象，确定调查对象和范围。

2）形象地位测量，即综合分析公众的评价，得出知名度和美誉度两项综合指标，然后分析和衡量组织的实际形象地位。

小资料 3-3

青藏集团公司被评为青海省“信用与社会责任”示范单位

2018 年 9 月 20 日，“2018 青海省诚信兴商宣传月”活动暨“信用与社会责任”表彰大会上，中国铁路青藏集团有限公司被评为青海省第二届“信用与社会责任”示范单位。

近年来，青藏集团公司认真贯彻落实党的十九大精神，大力推进信用建设，积极履行社会责任，依法管理、诚信经营，勇担社会责任，倡导绿色发展，关心关爱职工，有效履行企业经济、社会和环境三重责任，着力打造出一张亮丽的青藏铁路文明名片，赢得了社

会各界的美誉和信任，为青海信用体系建设和企业履行社会责任做出积极的贡献。

此次活动以“倡导诚信兴商、弘扬诚信理念、优化营商环境、促进青海发展”为主题，省内 600 家企业积极参评。经青海省文明办、省经信委、省商务厅、省工商局、省税务局、省工商联、省企业信用协会、省企业社会责任促委会研究，对公众认可的 30 家单位和 19 个优秀企业家进行了评定和表彰。

（资料来源：中国国家铁路集团有限公司，2018. 青藏集团公司被评为青海省“信用与社会责任”示范单位[EB/OL]. (2018-09-26) [2019-04-15]. http://www.china-railway.com.cn/xwzx/zhxw/201812/t20181214_85270.html.）

3.3 高铁客运公共关系的公众舆论调查

高铁客运公共关系的公众舆论是一种含有多层结构的表层意识，是由公众的各种意见和态度构成的集合体。根据舆论各部分分解值的大小，可以测算出公众舆论的倾向和影响力，从而有效地把握公众舆论环境。

3.3.1　舆论标志

舆论标志表明各种公众意见在一定时间和空间内所达到的规模和发展趋势，揭示各类舆论的综合对比关系，是对舆论总体取向的描述，可分为以下几类。

1）主导舆论，是指在一定范围内有 70%以上的人所坚持的共同意见。

2）分支舆论，是指同时存在的、集中由相当数量的公众赞成的一致意见。

3）次舆论，是指在某些局部地区有多数人坚持但并不具有全局性的意见。

4）微舆论，是指小社会环境下的群体舆论，舆论主体只是很少一部分人。

3.3.2　舆论指标

舆论指标是指用不同词语说明事物的性质、变化与差别而形成的一种指标体系。作为一种量化的数据，舆论指标是依赖于人们对概念的共同理解而叠加形成的，表现为概念与指数（百分数）的综合体；作为反映社会问题的意念集合，舆论指标通过概念体现人们好恶的感受。

现代通行的舆论指标主要有以下几种类型：①满意度指标，即人们对所测问题的满意程度；②期望指标，即人们的主观愿望和对未来状况的构想；③评价性指标，人们对某一事物或人物所做的基本估价和评判；④价值指标，即价值判断的基本看法。

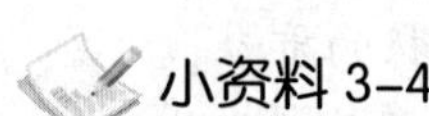

小资料 3–4

高铁舆情引发热议的三大话题："互联网+"思维缘何获赞无数？

高铁"一日千里"的中国速度，成为越来越多乘客的出行首选。高铁升级发展步伐加快，服务质量日益提升，也是社会舆论关注的重要领域。

据人民网舆情数据中心统计，2018 年上半年网上涉高铁领域网络热点话题多发，网络态势总体平稳向好，正能量始终占据主流。在梳理出的 10 个热度较高的事件（表 3-1）中，主要涉及三大舆论热议话题：高铁的快速发展引发网民民族自豪感，"厉害了我的高铁"成为一张靓丽的国家名片；高铁与时俱进的人性化服务意识引发境内外网民称赞；"铁闹"事件频发，整治"铁闹"呼声高涨。总体来说，舆论对高铁发展充满信心和期待。

表 3-1　2018 年上半年高铁领域热点话题

序号	关键词	热度
1	女子高铁扒门	3059.20
2	高铁吃泡面被怼	2347.90
3	母亲坐高铁忘带手机，儿子网上订餐	1057.10
4	高铁极速达	910.70
5	高铁车票无纸质化	766.20
6	女子防晒喷雾触发报警致高铁急停	164.15
7	时速 400 千米以上智能高铁	144.85
8	男子迟到误车，大闹高铁	144.65
9	女子高铁直播被投诉，飙日语怼乘警	45.50
10	高铁设座卖高价茶	26.00

（资料来源：人民网舆情监测室，2018. 2018 上半年高铁舆情引发热议的三大话题："互联网+"思维缘何获赞无数？[EB/OL].（2018-07-19）[2019 -04-17]. http://dy.163.com/v2/article/detail/DN3JNBTU0512865S.html.）

高铁公共关系调查本身具有高铁公共关系效应。调查活动的开展，离不开调查人员与调查对象进行广泛的接触。这个接触本身，就在向公众传播散发组织的信息，有助于塑造组织可亲可敬的形象，而调查所得到的信息，无论好坏均能起到一定的高铁公共关系效应。理想的信息对组织内部员工有激励作用，对外部公众有树立组织良好形象的作用；欠理想的信息对组织有早期预警作用，是激起组织上下通过高铁公共关系工作扭转形象的动力，对外部公众来说，则易于反衬出将要开展的高铁公共关系活动的良好效果，变坏事为好事。

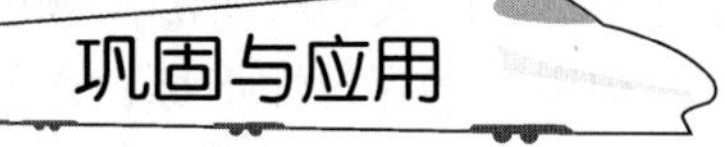

巩固与应用

一、名词解释

公共关系调查　高铁客运公共关系调查　高铁客运组织的形象调查　高铁客运公

共关系的舆论调查

二、思考题

1．什么是公共关系调查及其重要性？

2．高铁客运公共关系调查的方法有哪些？

三、实训题

尝试运用高铁客运公共关系调查方法，调查本地高铁客运组织在公众心目中的形象，并提交调研报告。

第4章 高铁客运公共关系策划

学习目标

1. 了解高铁客运公共关系策划的含义。
2. 掌握高铁客运公共关系策划的要素。
3. 掌握公共关系策划方案的制订。
4. 了解高铁客运公共关系策划的步骤。

4.1 高铁客运公共关系策划的含义

“策划”一词，从字面上解释，即深谋远虑的规划或深思熟虑的计划，也叫谋划。策划在本质上讲是大脑的理性行为。所有的策划都是关于未来的事物，它以未来的目标为指南，以现有的信息资料为依据，针对要解决的问题，提出用什么方法在何时、何地、用何人去实现那个既定的未来目标。策划具有前导性、能动性、目的性、系统性、创造性、现实性等基本特征。

公共关系策划就是为了实现组织与其公众认知、美誉、和谐的特定目标，社会组织的管理人员或公共关系人员在充分掌握和利用公关信息的基础上，运用理性思维方法和科学的创造技法，对公共关系实践活动的行动方案所进行的构思、设计、制定传播沟通方案的智力服务活动。

高铁客运公共关系策划，简单地说，就是对高铁客运公共关系实践活动的运筹谋划和设计。高铁客运公共关系策划探讨的是如何在调查研究的基础上进行运筹决策，制订方案，为高铁客运公共关系计划的实施和评估提供依据，是高铁客运公共关系成败的关键。

小资料 4-1

“服务基层 • 青春担当”塑造草原青年新形象

了解实情在基层、工作落实在基层、本领提高在基层、锤炼作风在基层——这是中国铁路呼和浩特局集团有限公司直属机关党委组织机关青年开展“服务基层 • 青春担当”活动的宗旨。经过 8 个月的深入推进，草原铁路机关青年形象焕发出新的活力。

为组织、引导青年履行好职能，打造一支勤于学习、善于创造、甘于奉献、勇于担当的机关青年队伍，呼和浩特局集团公司直属机关党委向机关青年发出号召——“深入基层一线，做背包式的机关青年干部，当好建设‘精彩呼铁’的青春力量”。“服务基层 • 青春担当”活动自 3 月启动后，局集团公司机关各部门青年积极响应，通过走访调研、跟班作业、政策解读、课题攻关、技术革新、志愿服务等方式，帮助基层单位解决生产现场最关心、最直接、最现实的问题，在体验基层、服务基层中，有力提升机关团建工作的政治性、先进性和群众性。

接地气，重心指向一线。“服务基层 • 青春担当”活动中，呼和浩特局集团公司机关青年到管内偏远地区、艰苦岗位跟班作业，与基层单位职工、服务对象同吃同住、同工同勤。通过问卷调查、集中座谈、个别访谈等形式，青年们了解公司决策在基层的落实情况，针对突出问题听取基层职工的意见建议，形成报告供有关部门参考。结合新入职员工的实际，人事处（党委组织部）团支部以包头工务段响沙湾线路车间为服务联系点，按照一对一、面对面、现场谈的原则，与员工结对子，使广大员工对自己的职业规划有清晰的目标。

呼和浩特局集团公司党委办公室青年李尚霖和陈海洋充分发挥党委办公室的理论优势，开展理论服务，引导员工积极学习党的理论知识，帮助解决思想问题。实招在现场寻找，问题在现场解决，一线调研结束后，619 篇调研报告，35 份物化成果，让机关青年的心与一线职工的心贴得更近。

强本领，提升担当能力。“服务基层·青春担当”活动让机关青年贴近现场，切实解决实际问题。今夏，包白线遭遇百年一遇暴雨重创，多处水漫线路、桥梁冲毁。呼和浩特局集团公司建设管理处青年侯德峰始终坚守在抗洪抢险第一线，调查铁路设备损毁情况，反复思考围堰导水方案，为抗洪抢险争取了宝贵时间。党委宣传部青年工作组围绕集中修契机，组织 18 名青年干部分 4 组深入集中修现场，拍摄铁路线上的“夜行者”视频组图，让更多人了解一线职工的苦与乐。针对包兰线 TDCS／CTC 组网复杂、故障处理难等问题，呼和浩特局集团公司电务处团支部组织 5 名现场经验丰富的青年团员“送教上门”，有效提高一线员工的业务技能。

作指导，增强基层动力。“服务基层·青春担当”活动提出，机关青年要围绕安全生产、经营发展、铁路建设、企业管理等重点工作，到基层进行课题攻关和服务指导。客运处团支部青年主动联系呼和浩特站客运车间，利用工休时间跟班作业，在进站口、检票口、咨询服务台开展志愿服务。局集团公司办公室青年吴立宏和庞明以动车车队为突破口，学习借鉴兄弟单位高铁服务管理先进经验，帮助车队逐条梳理内部管理制度，为客运服务质量提升提供依据。财务处团支部组织青年干部深入乌海地区，开展为期一周的服务，帮促相关单位解决会计核算、会计凭证、会计账簿等方面存在的 20 余个问题。

炼作风，解决实际问题。变被动等待基层“向上求助”为主动服务基层“下访解难”。呼和浩特局集团公司社保处组织青年深入最边远的白云鄂博站区，对一线职工热切关注的基本养老保险、基本医疗保险、补充医疗保险、生育保险等内容进行了详细的政策解读，发放各险种政策宣传手册、健康保健手册及《门诊特殊慢性病审批表》等申报表格。一次次主动“下访”中，366 名机关青年干部在基层车间班组累计建立 218 个服务点，深入现场检查 1245 人次，征求意见建议 863 条，解决问题 219 件，草原铁路机关青年的形象焕然一新。

（资料来源：中国铁路新闻网，2018. “服务基层·青春担当”塑造草原青年新形象 华山高铁北站青年[EB/OL].（2018-12-15）[2019-04-18]. http://www.cnrailnet.com/article/146193.html.）

4.2 高铁客运公共关系策划的要素

构成高铁客运公共关系策划的要素，综合来看，国内学者观点如下：①三要素论，即策划者、策划对象和策划方案；②四要素论，即策划目标、策划者、策划对象和策划方案；③五要素论，即策划者、策划依据、策划方法、策划对象、策划效果测定和评估。这些观点并无本质区别。一个合格的策划只需要策划者、策划对象和策划方案 3 个要素

就可以完成，但是随着市场竞争的加剧，“知己知彼”要求策划者事先对整个市场的环境和企业或组织本身的情况进行深入的调查和分析，成本控制更要求每一项高铁客运公共关系策划都能成为有效公关，因此前期的市场调查和后期的效果评估能够帮助我们将高铁客运公共关系策划做得更好。有学者认为策划应该首先以社会效益为取向，这是不符合实际的。因为高铁客运公共关系的本质就是要实现企业或组织的目标，所以高铁客运公共关系策划应当以组织目标为第一目标。当然，这必须在社会法律和道德允许的范围之内，如果能实现经济效益与社会效益的“双赢”就更好了。因此，本书认为一项优秀的高铁客运公共关系策划应当包含如下 5 个要素，即策划者、策划目标、策划对象、策划方案和策划的创造性。

1. 策划者

一般任务下达后由策划部经理组织策划小组，面向公众征集意见建议，也可以委托专家提供咨询建议，以民主和集中的方式对策划方案进行选优。

2. 策划目标

高铁客运公共关系策划的目标是策划者在了解组织现有状态的基础上通过公共关系活动而达到预期的理想状态。公共关系策划的目标既是公共关系策划方案形成的依据，又是对公共关系活动及公共关系策划本身进行评估的依据。高铁客运公共关系策划是有目的的思维活动，在进行高铁客运公共关系策划之前，策划者就应确立策划的主题和目标，清楚地知道策划活动的目的。一般而言，公共关系策划的目标如下：提升组织形象，增强内部职工的向心力、凝聚力；增进社会公众对组织的认可度，提升公众心目中组织的美誉度，扩大组织的社会影响；消除公众对组织的认识误区；服务社会，倡导良好的社会形象；推广新产品；推广新的生活理念等。在确定目标的时候，公共关系人员应尽量使目标量化和可用数据衡量。

3. 策划对象

高铁客运公共关系的策划对象是公共关系策划行为的客体，主要是指目标公众及其所处的环境。高铁客运公共关系策划活动的形式多种多样，根据目标的不同，选择不同的活动形式，如主题活动、文化交流活动、慰问演出活动等，进而影响组织所追求的目标公众，即公共关系的策划对象。根据公共关系目标的要求，即提升形象、扩大影响、推广产品、维系公众等的不同，确定不同的目标公众。例如，为了增强内部组织关系，把目标公众定位为企业内部的员工及员工家属；为了提高组织在社会上的美誉度，组织必须面向更大范围的社会公众。

小资料 4-2

中铁文工团赴青藏铁路慰问一线干部职工

2018 年 11 月 10 日上午，西宁客运段职工食堂内欢歌笑语、掌声不断，中国铁路文工团将中国铁路总公司对中国铁路青藏集团有限公司干部的亲切慰问和深情关怀，用文艺演出的方式送到一线。

按照中华全国铁路总工会工作部署，中国铁路文工团主创并演出的以交通强国、铁路先行为目标指引，以“新时代，我们再出发”为主题的慰问演出活动在格尔木、西宁两大铁路站区进行，历时 6 天，共演出 10 余场次。

演出既有独唱、曲艺表演，又有舞蹈、杂技等节目，给青藏集团公司职工以及铁路民警们奉上了一场场精彩纷呈的艺术大餐。《共筑中国梦》《咱们的复兴号》《假面怪人——球技》《永不止步——大武术》等节目广受观众好评。

在铁路沿线演出期间，由于场地限制，演职人员以库房为化妆间、水泥地为舞台，坚持以高标准的艺术要求为职工演出。在平均海拔 2800 米的格尔木地区演出期间，部分演职人员克服高原反应坚持演出，感动了在场观众。

西宁供电段职工李积云观看完演出后，激动地告诉记者：“这么高质量的一场艺术表演，真是振奋人心。这是一份来自总公司的精神关爱，我们要将把这份关心和关爱转化为工作的动力，继续为高原铁路安全运营贡献力量。”

（资料来源：张艳，2018. 文化大餐送上雪域高原[EB/OL].（2018-11-17）[2019-04-20]. http://news.tielu.cn/yixian/2018-11-17/174850.html.）

4. 策划方案

高铁客运公共关系的策划方案是策划者按照科学的程序设计的未来公共关系活动的理想模式。高铁客运公共关系策划方案可以使公共关系活动有章可循，避免公共关系活动的盲目性和随意性。值得注意的是，策划出的高铁公共关系活动应有一个响亮的主题，主题应当是积极向上的和社会公众乐于接受的，或回报社会，或倡导环保，或传承传统风尚等。

5. 策划的创造性

高铁客运公共关系策划活动的核心是公共关系策划的创造性。它渗透和贯穿于策划活动各要素之中。

小资料 4–3

青藏集团公司文化扶贫走进校园

2018 年 11 月 14 日，中国铁路青藏集团有限公司、西宁市教育局、西海墨彩文化艺术苑在青海省湟中县李家山镇李家山中心小学金跃教学点联合开展“文化扶贫进校园”活动。

金跃教学点地处金跃村，是青藏集团公司对口扶贫村。此次活动旨在促进新农村建设，进一步丰富当地学生的课余生活，培养他们积极向上的兴趣爱好，用“扶贫先扶志，文化助脱贫”的方式助推脱贫攻坚工作高质量推进。

主办单位为学生们捐赠了葫芦丝、笛子、篮球等文体用品和笔墨纸砚等文房四宝。活动中，西海墨彩文化艺术苑书画名家现场挥毫泼墨，创作了多幅优秀书画作品赠送给学校。

李家山中心小学校长何永清接过由青海省书法家协会副主席高海源创作的书法作品

《登鹳雀楼》后，高兴地说："这些书画作品和文体用品励志明志，表达了对学生们的拳拳关爱。今后我们会把这些作品装裱揭挂于教学区，装扮出更加美丽的校园，并合理分发、使用这些文体用品，丰富学生课余生活。"

（资料来源：中国国家铁路集团有限公司，2018. 青藏集团公司文化扶贫走进校园 [EB/OL].（2018-11-19）[2019-04-15]. http://www.china-railway.com.cn/gsjs/shzr/201812/t20181214_74034.html.）

4.3 高铁客运公共关系策划的原则

高铁客运公共关系策划的原则是对公共关系策划实质和规律的反映与表述，它是开展高铁客运公共关系策划工作的指导思想。遵循高铁客运公共关系策划原则，是高铁客运公共关系策划得以成功的关键。

高铁客运公共关系策划的原则包括以下几个方面。

1. 利益性原则

高铁客运公共关系是社会组织与公众之间的一种利益关系，因此，进行高铁客运公共关系策划时必须遵循利益性原则。利益性原则是指高铁客运公共关系策划必须将组织利益与公众利益结合起来。利益性原则的具体内容是组织利益和公众利益兼顾，社会效益和经济效益相结合。策划的目的在于优质高效，优质的意义在于策划要比不策划强，策划的效益要比不策划的效益好；高效在于真正实现事半功倍的效果，没有效益的策划或者负效益的策划是失败的。高铁客运公共关系策划是一种协调组织和公众双方利益，最大限度地实现双方利益的管理艺术。兼顾组织和公众双方的利益是高铁客运公共关系的根本原则，也是高铁客运公共关系策划的根本原则。在现代社会，组织和公众是彼此依存的一个整体，任何有损公众利益的行为，都是在为组织的发展设置陷阱。因此，高铁客运公共关系策划必须在活动目标的设定上考虑公众的利益，在策划方案上体现公众的利益，将公众作为评价公共关系策划成败的重要标准。

2. 创新性原则

公共关系策划的灵魂是创新。所谓公共关系策划的创新性原则，就是在进行公共关系策划时，打破传统的思维束缚、求新求异，使新、奇、特的公共关系活动在公众心目中留下难忘、深刻、美好的印象。创新性原则要求公共关系策划富有新意、具有独到之处和突出的特点。由于高铁客运公共关系活动带有宣传性，在信息剧增的社会里，没有创意，就不能引起公众的注意，因此，一个成功的公共关系策划必须根据社会环境的变化、人们心理状况的变化、组织内容的变化，制订出与以往不同的新方案。这样才能提高执行者的积极性，而且易于为公众所接受，激发起公众的热情，提高成功率。

3. 可行性原则

可行性原则是指策划方案应该切实可行，方案的实施能够取得良好的效果。策划方案是策划活动最终的结果，方案是否切实可行必须经过实施才能验证。切实可行的策划方案有利于树立组织的良好形象，而不切实际的方案则可能适得其反。可行性原则的具体要求是进行可行性分析、可行性实验和可行性评估。

4. 针对性原则

针对性原则是指高铁客运公共关系策划必须针对某个具体的问题。针对性原则的具体内容是针对公众的心理状态，针对组织的公共关系现状和目标。

5. 灵活性原则

灵活性原则是指高铁客运公共关系策划活动应该随着形势的变化，积极、主动、及时地进行。灵活性原则的具体要求是增强变化意识，掌握变化情况，预测变化趋势，根据变化的情况修订策划方案，把握灵活程度。

6. 反馈性原则

组织内外环境是不断变化的，为适应不断变化的内外环境，公共关系策划人员必须从动态的角度考虑策划方案中的内容，使其能够得以不断调整、充实和完善。这有赖于及时、准确的信息反馈。反馈是公共关系策划中协调性的基础，反馈保证了策划方案的优化和切实可行。策划方案只是计划和蓝图，不能代替一切。事前策划一般只能想到步骤，而在实际操作中，往往会出现特殊情况和变化，这要求策划人员在操作过程中应根据具体情况对策划进行调整和修正。

4.4 公共关系和高铁客运公共关系策划的步骤

4.4.1 公共关系策划的步骤

公共关系的策划需要策划公共关系活动的阶段、步骤和过程。关于公共关系策划的步骤和过程，有较多学说。“三阶段说”以美国资源策划委员会的约翰·迈力特为代表。他认为，策划可以分为3个阶段，即设定目标、测定现状和为明确的活动制订计划。“四阶段说”以美国哈佛大学的艾得伍德·班菲尔德为代表。他认为策划应该由状况分析、目标的设计及具体化、行动路线的设计和结果的比较评估4个阶段构成。英国赫伯特·莫里森将策划分为5个部分：①树立策划的决心，把握策划的意义；②策划要以实际为基础，搜集实用的事实及预测将来；③制订策划方案，比较各方案所提示的内容、资源及

限制事项，比较、讨论各方案所需的费用；④订立方案包含事项及排除事项的草案；⑤实际实施方案。本书把高铁客运公共关系策划的步骤归结为公共关系调研、确定公共关系目标、制订策划方案、经费预算、公共关系策划效果评估 5 个步骤。

1. 公共关系调研

公共关系调研是公共关系策划的基础。准确、有效、及时的信息是公共关系策划的重要依据。公共关系策划必须建立在对事实材料的真实把握基础之上，并根据组织内外部环境的变化，调整原有的策划方案，以使组织的公共关系活动得以长期有效地展开。组织获取的信息包括外部信息和内部管理信息两类，外部信息主要指政府决策、立法信息、新闻媒介报道、竞争对手信息、公众信息等，内部管理信息则包括组织实力、员工素质、组织凝聚力等各个方面。

2. 确定公共关系目标

所谓公共关系目标，是公共关系策划所追求和渴望达到的结果。确定目标是公共关系策划工作的前提。公共关系目标很多、很复杂，根据不同的标准，可以分为很多种类：按时间分，通常 5 年以上为长期目标，1～4 年为中期目标，1 年以下为短期目标；按规模可分为宏观目标和微观目标；按效果可分为最优目标、满意目标；按过程可分为有效目标、备用目标、追踪目标。不管以哪种目标作为公共关系策划的依据，都以达到传播信息、联络感情、改变态度、引领行为为目的。

公共关系目标是公共关系活动努力的方向和谋求的预期成果，没有目标的公共关系策划是没有存在价值的。公共关系目标规定公共关系活动要做什么，做到什么地步，要取得什么样的效果，是公共关系全部活动的核心，是公共关系策划的依据。在公共关系调研阶段获取详尽、准确的资料的基础上，选择和确定准确有效的公共关系目标。确定目标应遵循与组织整体目标相一致，塑造组织的有效形象，把抽象的目标概念具体化等原则。

小资料 4–4

铁路 2016 年“圆梦希望”助学活动启动

为落实中国铁路总公司党组“三不让”工作，帮助更多铁路困难家庭子女圆大学梦，铁路关心下一代工作委员会（以下简称铁路关工委）、全国铁道团委（以下简称铁道团委）、铁路青少年发展捐助中心（以下简称铁路捐助中心）联合启动了 2016 年“圆梦希望”助学活动。

据悉，此次助学活动申报时间为 2016 年 7 月 8 日至 9 月 1 日，资助对象为 2016 年全国普通高校统招录取的铁路困难职工子女。铁路关工委、铁道团委、铁路捐助中心成立“圆梦希望”助学领导小组。活动由各铁路局结合实际情况自愿参与。按照活动要求，各单位在干部职工中广泛开展了“圆梦希望”助学活动宣传，各级关工委组织“五老”志愿者采取“一对一”包保方式，深入社区、家庭、学校走访贫困学生，撰写职工子女困难情况《写实报告》。根据《写实报告》，基层关工委、团委将对申请人困难情况进行公示。

“圆梦希望”助学活动已成为“关团”联手的一个亮丽品牌。活动目标统一、各方优势互补，铁路关工委主动争取党政和工会的支持，落实配套资金，发挥“五老”优势，承担对困难职工子女的包保、走访、填写《写实报告》、填报有关手续和回访等有关工作；铁道团委负责宣传、协调、召集联席审查、网上申报、对口联系铁路捐助中心等相关工作。活动期间，各单位认真谋划，分工合作，做好动员、走访、申报、发放助学金等关键环节的工作，组织具有“关团”联手特色的活动，把实事办好，同时加强突出学子及爱心人士等生动事迹的收集和宣传，向社会传递正能量。

为达到“圆梦希望”助学活动助学、暖心、扶志、励学的效果，“五老”包保责任人还将与受助学生建立长期包保联系，每年至少回访两次受助学生或家庭，了解学生动态和家庭脱困等情况，做好相关工作，同时，为下一年“圆梦希望”申报做好准备，并及时将走访报告及图片、影像资料报送铁路捐助中心。

（资料来源：中国国家铁路集团有限公司，2016. 铁路 2016 年“圆梦希望”助学活动启动[EB/OL].（2016-07-29）[2019-04-15]. http://www.china-railway.com.cn/xwzx/ywsl/201812/t20181214_78197.html.）

3. 制订策划方案

制订策划方案是公共关系策划程序中的实质性阶段。公共关系具体行动方案是公共关系目标的具体化。策划方案一般要明确以下 4 个方面。

1）确定公共关系活动主题。每一项公共关系活动都应设立一个主题，公共关系活动围绕这一主题展开，从而使整个公共关系活动成为一个有机的整体。公共关系主题应该吸引、激励公众，广为人知，它的具体表现形式多种多样，可以是一个简洁的陈述，也可以是醒目简短的口号。

2）确定公共关系活动模式。公共关系活动模式多种多样，不同的问题、不同的公众对象、不同的组织都有相应的公共关系活动模式，没有哪一种公共关系活动模式可以解决所有问题。究竟选择哪一种公共关系活动模式，要根据公共关系活动的目标、任务、对象分布、权利要求而具体确定。常见的公共关系活动模式有交际型公共关系活动模式、宣传型公共关系活动模式、征询型公共关系活动模式、社会型公共关系活动模式、服务型公共关系活动模式、进攻型公共关系活动模式、防御型公共关系活动模式和建设型公共关系活动模式。

3）确定公共关系活动的时间和地点。确定时间即制定一个科学的、详尽的公共关系活动计划时间表。公共关系活动计划时间表的确定，应和规定的目标系统相配合，按照目标管理的办法，完成最终的总目标、项目目标，每一级目标所需的总时间、起止时间都应列表，形成一个系统的时间表。在制定时间表时应注意避免时间上的冲突，避开“时间陷阱”，留有时间余地。对活动的起止时间，公共关系人员要精心设置，抓住最有利的时机，以取得事半功倍的效果。确定地点即安排好每一次活动的地点。每次公共关系活动要用多大的场地，用什么样的场地，都要根据公众对象的人数、公共关系项目的具体内容，以及组织的财力预先确定好。

4）确定传播方式。公共关系传播媒介的种类很多，有个体传媒、群体传媒和大众传媒之分。大众传媒又可分为电子类传媒和印刷品传媒。各种传媒各有所长，亦各有所短，只有选择恰当，才能取得良好的效果。选择传媒要考虑公共关系的目标、公共关系的对象、公共关系传播的信息内容和组织的经济实力 4 个因素。

4. 经费预算

高铁客运公共关系经费预算是按照目标实施方案，将所需的费用分成若干项目，并编制出单项活动及全年活动的成本。公共关系人员在编制经费预算时，一般将各项工作计划具体化为一张可以进行成本预算的清单或预算表。公共关系经费预算由行政开支和项目开支构成，编制经费预算可以使公共关系策划具有可行性，便于统筹安排资金，为检查评估公共关系策划提供依据。为了在有限的投入内，获取最大的社会效益和经济效益，就要进行科学的公共关系经费预算。编制公共关系经费预算，可以预先清楚地知道组织的经济承受能力，做到量体裁衣，还可以监督经费的开支情况，评价公共关系活动的成效。

高铁客运公共关系活动的开支构成大体如下：第一，行政支出，包括劳动力成本、管理费用，以及设施材料费用。第二，项目支出，即每一个具体的项目所需的费用，如场地费、广告费、赞助费、邀请费及咨询费、调研费等。第三，其他支出。一项公共关系策划不可能预料到公共关系活动具体实施时的方方面面，因此经费预算也要留有余地。

小资料 4–5

2018 年中国铁路总公司部门预算

财政拨款收支总表如图 4-1 所示。

财政拨款收支总表			
			单位：万元
收入		支出	
项目	预算款	项目	预算款
一、本年收入	10 605 581.34	一、本年支出	10 640 252.88
（一）一般公共预算拨款	4 952 182.34	（一）国防支出	71.00
（二）政府性基金预算拨款	5 653 399.00	（二）公共安全支出	983 335.57
		（三）教育支出	1 460.06
二、上年结转	34 671.54	（四）科学技术支出	28 850.01
（一）一般公共预算拨款	34 671.54	（五）文化体育与传媒支出	616.05
（二）政府性基金预算拨款		（六）社会保障和就业支出	92 089.52
		（七）医疗卫生与计划生育支出	82 494.77
		（八）节能环保支出	60 018.00
		（九）交通运输支出	9 223 345.90
		（十）住房保障支出	167 972.00
		二、结转下年	
收入总计	10 640 252.88	支出总计	10 640 252.88

图 4-1　财政拨款收支总表

其中，文化体育与传媒支出616.05万元，占0.01%，比2017年执行数额增加9.00万元，增加1.48%。

（资料来源：中国铁路总公司. http://www.china-railway.com.cn/.）

5. 公共关系策划效果评估

公共关系策划效果评估是指有关专家或机构依据某种科学的标准和方法，对公共关系的整体策划、准备过程、实施过程及实施效果进行测量、检查、评价和判断的一种活动。其目的是反馈相关公共关系工作过程、工作效益和工作效率的信息，作为决定开展公共关系工作、改进公共关系工作和制订公共关系新计划的依据。经过认真分析信息情报，公共关系人员再确定公共关系目标，制订公共关系行动方案。但这些方案是否切实可行、是否尽善尽美，有赖于对方案的分析评估和优化组合。

对公共关系策划方案的评估标准一般有两个：一是方案是否切实可行：二是方案能否保证策划目标的实现。

4.4.2 高铁客运公共关系策划的步骤

高铁客运公共关系策划需要根据高铁组织自身形象的现状和目标要求，分析现有条件，对拟定的公共关系活动主题、策略、手段、形式和方法等进行构思和设计，制订最佳公共关系策划方案。高铁客运公共关系策划应具有以下步骤。

（1）高铁客运公共关系调研

运用公共关系预测、民意测验、文献研究等科学方法，有步骤地考察高铁客运组织的公共关系状态，包括高铁客运组织的实际社会形象、相关公众情况及传播媒体情况等，收集必要资料，分析与高铁客运公共关系相关的各种因素及其相互关系，掌握高铁客运组织公共关系的实际情况。

（2）确定公共关系目标

了解高铁客运公共关系策划方案要解决的问题，明确公共关系目标的类型及要求，高铁客运公共关系策划对应的公共关系目标必须是明确、具体、可行和可控的。

（3）制订策划方案

高铁客运公共关系策划方案应遵循系统整合、独特创新、公众利益优先、计划性与灵活性相统一的原则，注重方案的有效性、可操作性、可持续性、可评估性。

（4）经费预算

在进行高铁客运公共关系策划的过程中，要对公共关系策划进行科学的预算，掌握高铁客运组织对公共关系策划经费的承受能力，编制高铁客运公共关系经费预算表。预算开支大致应该包含以下内容：行政开支，包括劳动力成本、管理费用及设施材料费；项目支出，即每一个具体的公关项目所需的费用，如场地费、广告费、咨询费、调研费等；弹性支出，一些意想不到的可能支出，如突发事件等。

（5）公共关系策划效果评估

策划好高铁客运公共关系实施方案后，应该评估方案是否切实可行，以及是否能够保证策划目标的实现。

巩固与应用

一、名词解释

公共关系策划　高铁客运公共关系策划　高铁客运公共关系策划的原则

二、思考题

1．高铁客运公共关系策划的要素有哪些？
2．如何制订高铁客运公共关系策划的方案？
3．高铁客运公共关系策划的步骤有哪些？

三、实训题

为某一高铁线路开通一周年策划一个庆祝活动。

第5章

高铁客运公共关系策划方案的实施

学习目标

1．了解高铁客运公共关系策划方案实施的意义。
2．掌握高铁客运公共关系策划方案实施的特点。
3．掌握高铁客运公共关系策划方案实施的原则和方法。
4．了解高铁客运传播媒介的依据。
5．掌握高铁客运公共关系的活动模式。

公共关系策划方案实施是在公共关系策划被接受以后，将公共关系策划所确定的方案变为现实的过程，这是进行公共关系工作的第三个步骤，也是最复杂、最多变的环节。

公共关系策划方案的实施不是盲目的行动，需要从不同的方面完善方案的缺陷，修正方案的不足，改进方案的劣势。只有把优秀的公共关系策划方案付诸实施，才能为组织塑造良好的社会形象，影响公众舆论，优化组织环境。因此，公共关系实施对整个公共关系工作都具有十分重要的意义。

小资料 5–1

抖音也可做宣讲，铁路宣传有新思路

2018 年 6 月 1 日，柳州铁路局南宁机务段党委灵活利用寓教于乐的宣传形式，以年轻职工喜闻乐见的抖音短视频（以下简称抖音）等新媒体形式为载体，以“确保安全我先行”“精检细修我先行”等为主题，发动干部职工把当好“先行火车头”的先进事迹、独门绝活、经验做法制作成短视频发布在抖音上，获得铁路内外网友点赞，形成了争当先行的主动局面。

柳州铁路局南宁机务段利用抖音等新媒体作为宣传媒介，做法非常契合年轻人喜好。如今，抖音在年轻人之间风靡，用户可以通过该软件选择歌曲，拍摄短视频，然后分享到网上。柳州铁路局南宁机务段这种做法开辟了宣传的新路子，改变了之前单一的宣讲形式。柳州铁路局南宁机务段抓住了受众群体年轻人居多的现状，果断调整宣传的方式方法，将宣讲植入抖音。这想法确实非常好，柳州铁路局南宁机务段宣讲也达到了预期的效果，年轻人真正领会到安全在铁路的重要地位。柳州铁路局南宁机务段分别在动车运用车间和南宁检修车间录制抖音短视频。将动车组司机高标准、严要求，为了旅客安全出行，风雨无阻的饱满工作热情，以及检修车间全体检修人员精检细修、落实标准化的工作方法传达给了每一名干部职工。干部职工受益匪浅，纷纷表示此次宣讲对自己的启发良多。

利用抖音进行宣讲，充分调动年轻职工的工作热情，“干部落责”“职工落标”，柳州铁路局南宁机务段的做法值得全铁路宣传推广。如何更好地发挥新媒体在铁路宣讲的作用，值得每一个“铁路人”深深思考。安全在铁路中的地位显而易见。如何让广大年轻职工真正把安全贯彻到日常的检修工作中，如何调动年轻职工参与铁路安全宣讲，柳州铁路局南宁机务段的成功做法值得推广下去。

铁路的宣传也要解放思想，实事求是，敢想敢干。柳州铁路局南宁机务段正是秉承这一理念，宣传要有创意，要头脑灵活，活学活用。抖音做宣传，做法是可行的，效果是显著的。

（资料来源：高铁网，2018. 抖音也可做宣讲，铁路宣传有新思路[EB/OL].（2018-06-04）[2019-04-16]. http://news.gaotie.cn/tielu/2018-06-04/462257.html.）

5.1 高铁客运公共关系策划方案实施的特点与方法

高铁客运公共关系策划方案实施的作用和影响贯穿整个高铁客运公共关系工作过程的始终。重视研究高铁客运公共关系策划方案的实施有助于创造对组织有利的舆论环境，在公众中树立起组织的美好形象。

5.1.1 高铁客运公共关系策划方案实施的意义

高铁客运公共关系策划方案的实施是公共关系工作中最复杂、最多变的一个关键环节，具有重要意义。

1. 高铁客运公共关系策划方案的实施是公共关系活动的中心环节

高铁客运公共关系策划方案的制订是为了实施。任何一项策划方案制订完成后必须经过实施才可使策划成为现实。再好的策划方案如果不实施，就没有任何实践层面的意义。高铁客运公共关系策划方案的实施是整个公共关系活动的重要步骤，是策划付诸实行的过程，实施的策划是否科学、是否符合实际，还需要在实施的过程中不断调整、修改甚至改变。所以，高铁公共关系策划方案实施构成了整个公共关系活动的中心环节。

2. 高铁客运公共关系策划方案的实施决定公共关系策划实现的程度

高铁客运公共关系策划方案的实施者需要选择最有效的手段、采用多种方法圆满地完成方案中所确定的各项任务，从而保证方案能够得到有效的实施。方案实施者创造性的劳动也可以弥补原本方案中存在的不足，帮助组织在公众中树立良好的形象。

3. 高铁客运公共关系策划方案实施的结果是后续方案制订的基础和重要依据

在制订高铁客运公共关系策划方案时，必须以面临的问题和现状为依据，以上一项高铁客运公共关系策划方案实施的结果为基础，针对所出现的问题制订新的方案。

5.1.2 高铁客运公共关系策划方案实施的特点

1. 过程的动态性

高铁客运公共关系策划方案的实施是整个公共关系活动的中心环节，是计划付诸实践的过程。在方案的实际实施过程中，情况总是在不断地变化，所以需要根据变化的情况不断调整实施方案、程序、方法和策略等，以适应复杂且多变的公共关系环境。

2. 实施主体的创造性

公共关系环境复杂多变，随着社会的不断发展和进步，实施者只有根据整个方案的目标和原则，充分发挥主观能动性和创造性，才有可能使方案得以顺利实施。

3. 实施影响的广泛性

实施影响实际上也可以理解为传播效果，公共关系策划方案的实施对组织甚至社会会产生广泛的影响。策划方案所产生的影响只有在方案实施后才能真正地体现出来。

5.1.3 高铁客运公共关系策划方案实施的原则和方法

公共关系策划方案的实施很复杂，公共关系人员必须遵循一定的原则和掌握正确的方法。

1. 目标导向的原则和方法

目标导向原则也叫目标控制原则，在高铁客运公共关系策划方案实施过程中，应该始终控制目标达成。尽量保证策划方案的实施不偏离目标。

2. 控制进度的原则和方法

控制进度的原则是指根据整个高铁客运公共关系策划方案的目标和需求，按照一定的程序，掌握工作的进展速度，避免出现畸轻畸重的倾向原则。

在高铁客运公共关系策划方案实施过程中，要有明确的控制目的。此外，还需要重视反馈信息，经常检查各方面工作的进度，做好各方的协调工作，确保各方面工作同步进行和平衡发展。

3. 整体协调的原则和方法

在高铁客运公共关系策划方案实施过程中，应使工作所涉及的方方面面达到和谐、合理、配合、互补和统一的状态。整体协调的原则强调在实施过程中的各个环节之间、部门之间及实施主体和公众之间和谐化，使之少产生矛盾或不产生矛盾，即使产生矛盾，也能及时有效地解决。

最常见、最普遍的协调有两类：纵向协调和横向协调。纵向协调要求上级对下级要有充分的了解；在提出任务时需要提前告知；实施计划中的主要目标和措施需要告知下级部门和全体实施人员；下级部门必须如实反映计划实施情况。横向协调要求实施者之间当面协商、保持文件往来，以保证全体实施人员在思想观念上和认识行动上保持一致，保证实施活动的协调配合，做到整个实施部门意志和行动的统一，提高工作效率，减少或杜绝人力、物力和财力的浪费。

4. 反馈调整的原则和方法

人们通常要用反馈后所获得的认识来调整整个高铁客运公共关系策划方案的实施

活动，这称为反馈调整。它的特点是根据过去的实施情况去调整未来的行为。

反馈调整的过程是高铁客运公共关系策划方案制订者首先确定高铁客运公共关系目标，再根据高铁客运公共关系策划方案的目标制订具体的实施方案，在实施方案制订的基础上，组织有关部门和人员对实施方案进行评估，然后把评估结果同原定的高铁客运公共关系目标进行比较，发现问题后再重新修订整个高铁客运公共关系策划方案。接下来将修订过的高铁客运公共关系策划方案进行实施，实施后再将实施结果与原定目标进行对比，以进一步调整下一步高铁客运公共关系策划方案的制订和实施。

5. 选择时机的原则和方法

高铁客运公共关系策划方案实施需要选择正确的时机，这是提高方案成功率的一个必要条件。选择时机首先要根据公共关系的目标注意避开或者利用重大节日，其次要根据公共关系的目标注意避开或利用国内外重大事件，最后要注意不在同一时间段内同时进行两项不同的公共关系活动。

5.2 高铁客运公共关系活动模式的选择

5.2.1 高铁客运公共关系传播媒介选择的原则

1. 联系目标原则

根据公共关系的具体目标和工作要求来选择和使用传播媒介，即选择和使用的手段、方法必须符合公共关系工作的性质和要求，以便充分发挥媒介的功能。首先，要根据目标受众的实际情况选择媒体。其次，要根据目标受众对媒体的接触率及习惯来选择媒体。最后，要根据目标受众居住区域的自然状况、气候条件、生活水平等来选择媒体。

2. 适应对象原则

根据公共关系对象的特征来选择和使用传播媒介，就必须考虑公众对象的经济状况、文化程度、职业习惯、生活方式及他们接受信息的习惯等。根据不同的公众对象选用不同的传播手段，才可能使信息有效地到达目标公众，并被公众接受。

3. 区别内容原则

只有根据传播的内容来决定传播的形式，才能充分发挥传播媒介的优势。每种传播媒介都有鲜明的特点和一定的适用范围。选择传播媒介时，应根据信息内容的特点和一定的适用范围及传播媒介的特点来考虑。

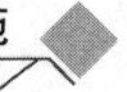

4. 合乎经济原则

根据公共关系经费预算和传播投资能力，量力而行，争取以较少的开支得到最好的效果；争取在最经济的条件下实现尽可能大的社会传播效益。

小资料 5-2

强强联合 中国中车启动全美“高铁梦之旅”

2015 年 9 月 3 日起，中国中车股份有限公司（以下简称中国中车）陆续在美国各地推出名为“高铁梦之旅”的高铁品牌推广活动，旨在打造中国中车的高端品牌，推动并参与美国高铁建设。哈佛大学是此次“高铁梦之旅”高铁品牌推广活动的起点站，此后，这一活动还将在芝加哥、纽约、华盛顿、旧金山、洛杉矶等地接力展开。

中国中车副总裁余卫平表示，中国中车成立后，明确要打造高端装备引领者的品牌形象，让中国中车的品牌价值在市场竞争、标准推广、用户服务、全球融合等方面得到更大的体现。

“高铁梦之旅”的高铁品牌推广活动以纪念华工赴美修建太平洋铁路为由头，回顾中美铁路 150 年合作史，展望中美铁路未来合作愿景。

美国是世界头号铁路大国，有着 23 万千米的铁路网。目前，美国规划了近 10 条高铁线路，其世界第一、遍布全国的铁路网对机车车辆有着持续旺盛的需求。而中国中车具有世界领先的技术水平、丰富的运营经验和极具竞争力的服务水平及综合性价比等优势，具有为美国等高端市场提供产品的自信。中国中车希望通过此次活动打造能够推动并参与美国高铁建设，展望中美铁路未来合作愿景。

（资料来源：电缆网，2015. 强强联合 中国中车启动全美“高铁梦之旅” [EB/OL].（2015-09-04）[2019-04-16]. http://news.cableabc.com/enterprise/20150904011414.html.）

5.2.2 高铁客运公共关系活动的模式

高铁客运公共关系活动模式是以一定的公共关系目标和任务为核心，将若干公共关系传播媒介和方法有机地结合起来，形成一套具备特定高铁客运公共关系功能的工作方法系统。下面介绍几种常见的高铁客运公共关系活动模式。

1. 宣传型公共关系活动模式

宣传型公共关系活动模式，即运用各种有效的宣传方法传递组织的信息，影响内外公众舆论，迅速扩大组织的社会影响力和凝聚力，从而使组织获得更多的支持者和合作者，达到促进组织发展的目的。宣传型高铁客运公共关系活动模式适用于各类组织，其特点是主导性强、时效性强、传播面广、推广组织形象效果快。但运用中应该考虑公众的类型和宣传主题，注意掌握分寸，避免引起公众的逆反心理。

2. 交际型公共关系活动模式

交际型公共关系活动模式，即运用各种交际方法和沟通技巧，协调关系、缓和矛盾、化解冲突。这是一种极为有效的高铁客运公共关系活动模式，其特点是具有直接性和灵活性。实际运用中多采用社团交际和个人交际的形式。

3. 服务型公共关系活动模式

服务型公共关系活动模式，即以提供优质服务为主要手段的公共关系活动模式。这种模式要求以优质的服务和实际行动来获取社会公众的了解和好评，树立组织的良好形象。其真谛在于组织用优质的直接服务和售后服务，赢得社会公众对组织发展的支持。

4. 社会型公共关系活动模式

社会型公共关系活动模式，即组织举办各类社会活动，扩大影响、提高知名度的公共关系活动模式。这种模式有 3 种形式：一是以组织本身的重要活动为中心开展活动，如开业剪彩、周年庆典、庆功会等；二是以赞助社会福利事业为中心开展活动；三是以资助大众传播媒介为中心开展活动，如举办大奖赛、文艺演出等。社会型公共关系活动的特点是公益性强，影响力大，但由于成本较高，应从组织的整体形象和长远利益出发，量力而行。

5. 征询型公共关系活动模式

征询型公共关系活动模式，即以提供信息服务为主的公共关系活动模式。这种模式通过采集信息、调查舆论、民意测验等方式了解社会舆论及民意民情，为组织的经营管理决策提供参谋，使组织的行为尽可能地与国家的总体利益、市场的发展趋势及民情民意相一致，如建立信访接待机构，设置专线电话、监督电话，征求公众意见，处理公众投诉，开展咨询业务，问卷调查和直接访问公众等。

6. 建设型公共关系活动模式

组织为了打开局面，采用宣传和交际相结合的方式，向公众主动介绍自己，给公众留下良好的第一印象，初步形成组织的社会关系网。建设型公共关系模式适用于组织开创时期，如开业庆典、新产品展销、新服务试用等。

7. 维系型公共关系活动模式

维系型公共关系活动模式，即通过各种传播媒介，持续不断地向公众传递组织的各种信息，在组织稳定发展之际，让公众逐渐形成或者保持对组织的良好印象，用以巩固与公众良好关系的一种公共关系活动模式。这种模式一般用于组织稳定发展时期，采用一种持续不断、低姿态的传播方式，把组织的各种信息持续不断地传递给各类公众，维持组织在社会公众心中的良好形象。运用该模式能够对公众施以潜移默化的影响。

8. 进攻型公共关系活动模式

进攻型公共关系活动模式，即组织与公众发生冲突，与公众产生严重失调，其生存、发展受到阻力、危机时，组织抓住一切有利的时机和条件，以积极主动的姿态调整自身的行为，改变周围环境，创造有利于组织发展的新局面的一种公共关系活动模式。这种模式的特征为主动性和攻击性，通过引导社会舆论，降低公众的对抗情绪，减少摩擦与冲突。

9. 防御型公共关系活动模式

防御型公共关系活动模式，即当组织的政策或者行为出现了不适应公众的现象，或与公众发生了某些摩擦时，组织通过及时调整自己的行为和策略去适应公众，防御双方失调的公共关系活动模式。其特点是防御和引导相结合，以防御为主，避免矛盾激化。

10. 矫正型公共关系活动模式

矫正型公共关系活动模式，即当组织形象遭受损害时，组织立即采取措施，做好善后补救工作，挽回形象，重建形象的公共关系模式，即组织遇到风险时所采用的一种公共关系活动模式。这种模式适用于组织的公共关系工作严重失调、组织形象严重损害的情况，其特点是及时，即及时发现问题，及时纠正错误，及时改善不良形象。

小资料 5-3

让普京有种浪漫感觉的中国高铁，经历了怎样的发展？

从 2008 年中国铁路进入高铁时代到现在，中国高铁发展迅速，被称为中国“新四大发明”之一，在世界上早已经获得了较高的声誉。不少外国政要到访中国时，乘坐中国高铁、感受中国速度，已经成为“必备”项目。

早在 2012 年 9 月，德国总理默克尔就曾乘坐京津城际高铁从北京前往天津，对于来自高铁技术大国的默克尔来说，这次中国的高铁之旅让她感受到了中国的快速发展。

2013 年 7 月，巴基斯坦总理谢里夫将海外的第一次访问选在了中国。访华期间，高铁、轨道交通等基础设施建设是他最感兴趣的地方。在当年的 7 月 4 日体验了北京地铁后，7 月 6 日，谢里夫乘坐京沪高铁从北京前往上海，亲身体验中国高铁的建设成果。谢里夫说，坐一坐北京到上海的高铁，想想怎样推动巴基斯坦第一大城市卡拉奇到西北部城市白沙瓦之间的高铁建设，希望能够缓解巴基斯坦铁路运输几近瘫痪的窘境。

2014 年 12 月 23 日，在中国访问的泰国总理巴育参观了全国铁路调度指挥中心，并体验了京津城际列车。当天上午，巴育在北京南站搭乘京津城际列车，随行的有他的夫人和多位政府官员。巴育和夫人在车厢坐定后，中方的工作人员向他介绍了中国铁路建设、运营和安全保障状况。列车时速达到 306 千米时，中方陪同人员邀请巴育看显示屏。“丝毫没有感觉，以为还挺慢，结果已经很快了，”巴育说，“我喜欢很快的速度。”

2015 年 3 月 28 日中午，斯里兰卡总统西里塞纳及夫人在参加完博鳌亚洲论坛 2015 年年会开幕式后乘坐高铁前往三亚。西里塞纳在途中赞扬中国高铁高速、舒适。西里塞纳表示，他是在习近平的建议下选择乘坐高铁的，中国和斯里兰卡的铁路发展状况差别较大，他很高兴亲自体验了中国高铁。

2017 年 9 月 19 日至 21 日，新加坡总理李显龙应邀对中国进行了正式访问。在接受媒体采访时，他分享了自己在中国两次乘坐高铁的经历。第一次是从长沙到武汉，一个多小时就到了；第二次是从广州到深圳，不到一个小时就到了，“非常方便，很平稳，很舒服”。李显龙还肯定了中国在高铁建设领域的经验和技术，他说，中国国内的高铁网络有几万千米，科技很先进，并且运营的经验也很丰富。

2018 年 6 月 8 日下午，习近平主席同俄罗斯总统普京共同乘坐高铁前往天津，出席中俄友好交流活动。在高铁上，习近平向普京介绍了高铁的时速、规划等情况，普京表示坐火车有种浪漫的感觉。

（资料来源：https://www.sohu.com/a/234863365_100006497.）

巩固与应用

一、名词解释

高铁客运公共关系实施　高铁客运公共关系活动模式

二、思考题

1. 高铁客运公共关系计划实施的原则和方法有哪些？
2. 高铁客运公共关系实施的特点有哪些？
3. 如何选择公共关系传播媒介？
4. 如何确定公共关系活动模式？

三、案例分析题

现如今，中国高铁已经成为亿万商家梦寐以求的流量新入口，高铁站内媒介的作用也越来越重要。基于高铁线网的深度纵横，高铁媒体全国高覆盖和区域强渗透的特质突显，广告商根据不同地区的区域特征制定网络化和点位化策略，从而实现规模化和精准化的传播落地效果。其中，京广主干线的特征是沿线城市 GDP 占比高，经济活力强；华东区域作为中国的经济强区，进出口贸易多，人群特征是消费能力强；西南区域的特征是旅游资源丰富，高铁出游便利，处于消费升级阶段。

高铁营造的独有场景，打造全场景营销生态圈，从进站到安检、候车、检票、乘车、出站各个环节，全场景式对接品牌沟通。高铁站点与列车形成封闭式环境，在旅客长时间的候车过程中，形成低干扰强制性收视；同时当旅客在候车时接触到品牌广告，到达检票口等其他环节再次接触，将有效加深品牌印象，场景营销效果显著。而安检口和闸机口是高铁乘客的必经之地，这两个关键点的高铁广告位一直备受青睐。在检票口，高

铁乘客对 LED/LCD 大屏广告的媒体评价高，印象好，其中 64.39%的乘客表示该屏幕上的广告很容易被人看到；47.24%的乘客表示该屏幕广告很吸引人；45.65%的乘客表示该屏幕广告视觉冲击力强；还有 31.69%的乘客认为该屏幕的广告高端大气、上档次。

高铁人群的目标受众以高收入、高学历的白领职员为主，同时他们每年搭乘高铁的次数较多，并认可高铁站内的品牌广告。乘坐高铁的人群中，每年乘坐高铁出行 4～12 次者居多，85%的人拥有大专以上学历，31%是白领职员，平均家庭月收入为 20 302 元，平均个人月收入 9488 元，其中 61%的人认为在高铁站内做过广告的品牌会让人觉得高大上。由此看出，高铁人群的目标受众以高收入、高学历的白领职员为主，同时他们每年搭乘高铁的次数较多，并认可高铁站内的品牌广告。构建高铁人群构成图谱，帮助企业快速找到精准用户群。据报告，高铁商务人群主要分为 5 类：品质生活族、时尚个性族、文青小资族、挑剔精细族和随性务实族。其中品质生活族重视品牌和品质；时尚个性族愿意为风格主张买单；挑剔精细族则精打细算，重视产品性价比的同时也对产品质量挑剔严格；随性务实族更偏向大众的审美。

（资料来源：韵洪嘉泽，央视市场研究，2017. 2017 高铁媒体价值及广告效果评估[R]. 广州：“嘉绩共享·赢在选泽”2017 成果分享会.）

分析：

1．本案例体现了高铁客运公共关系传播媒介的哪些选择依据？

2．本案例体现并反映了高铁客运公共关系的哪些公共关系活动模式？

第6章

高铁客运公共关系的评估

学习目标

1. 了解公共关系评估的概念。
2. 掌握高铁客运公共关系评估的作用。
3. 了解高铁客运公共关系评估的常见依据。
4. 掌握高铁客运公共关系评估的标准。
5. 掌握高铁客运公共关系评估的程序。
6. 掌握高铁客运公共关系评估的方法。
7. 了解撰写高铁客运公共关系评估报告的内容和格式。

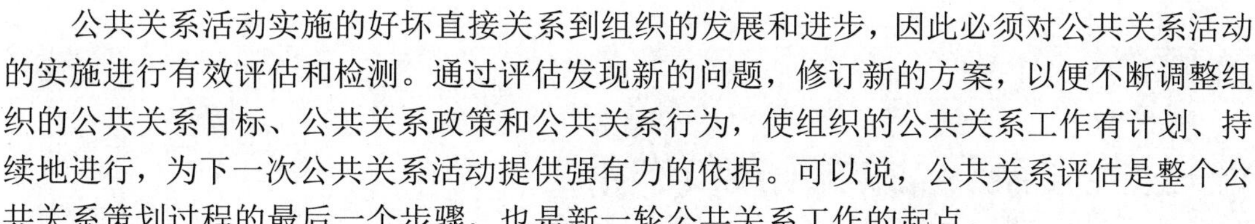

公共关系活动实施的好坏直接关系到组织的发展和进步，因此必须对公共关系活动的实施进行有效评估和检测。通过评估发现新的问题，修订新的方案，以便不断调整组织的公共关系目标、公共关系政策和公共关系行为，使组织的公共关系工作有计划、持续地进行，为下一次公共关系活动提供强有力的依据。可以说，公共关系评估是整个公共关系策划过程的最后一个步骤，也是新一轮公共关系工作的起点。

小资料 6-1

世界第一脱轨事故：德国高铁因一个车轮酿成巨大悲剧

1998 年 6 月 3 日，在德国艾雪德村落附近的一起高铁事故将“德国制造”拉下了神坛。因为一个零部件的问题，造成了 101 人死亡、105 人受伤，刷新了世界上最高伤亡率的铁路事故纪录，至今仍未被超过。

发生事故的列车是德国最早制造的高速列车，从 1991 年始投入载客的 ICE-1 列车，时速最高可达到 280 千米。除了速度快，列车配备的驱动车头也极为先进，单单车头就配备 10 个计算机系统。体验同样舒适，配有电视、音乐播放器、餐厅、厕所、会议室，豪华程度堪比飞机商务舱。运行 7 年以来从未出过事故，载客量高达每日 65 000 人次。然而，1998 年 6 月 3 日，列车从慕尼黑一路开往汉堡，毫无颠簸的行驶让乘客大为感慨。在列车还有 40 分钟就能抵达终点站时，突然“砰”的一声巨响，听起来就像车底撞上了什么东西。没前行多远，列车脱离轨道的情况越发严重，仅有前两节车厢按照预定的轨道前行。发生事故的位置正好有一座桥从上方横跨铁路，连接铁路两边的道路。这座桥的支撑梁被脱轨而出的第三节车厢撞毁，失去支撑力的桥梁在刹那间崩塌。桥梁的重量拦下了紧随其后的第五节车厢，接下来的车厢严格遵循牛顿第一定律撞上第五节车厢。高速带来巨大的冲击力，多节车厢在巨力之下成了一片残骸。

事故所带来的影响才刚刚开始，媒体迅速采集了现场照片，对伤者进行采访：顺利得救的伤者眼中透出对事故的阵阵后怕，6 名孩子更是在这次事故中永远失去了母亲。刊登在报纸上飞往世界各地的照片透露着事故的惨烈。德国铁路的信誉在这次事故中受到严重折损，来自社会的压力迫使他们必须给出令人满意的解释。

紧随救援工作之后，是对事故原因的追溯，也是人们最关心的事情。

是什么导致了这一切？是速度与安全不能并存，还是另有内情？

事故的始末终于被挖掘出来，导致这起事故的是一个小小的车轮，它将德国工业的骄傲彻底撕碎。

德国铁路在事发后，向每名遇难者的家属发放 19 000 美元（细节赔偿另计）。

2002 年 8 月，德国铁路的 3 名工程师被控误杀罪，每名工程师被罚款 12 000 美元。

事后，经全民投票通过，政府决定在事发地建设一处纪念馆。独特的纪念馆是露天的，一方石门刻有事故的经过，门后 101 棵桃树象征逝去的 101 人。

（资料来源：晓玖儿，2018. 世界第一脱轨事故：德国“高铁”因一个车轮酿成巨大悲剧[EB/OL].（2018-03-29）[2019-04-21]. http://blog.sina.com.cn/s/blog_180e5f0820102xdh0.html.）

6.1 公共关系评估的概念和作用

公共关系评估是公共关系工作的最后一步，对公共关系活动起着总结、衡量和评估的重要舆论作用。

6.1.1 公共关系评估的概念

从广义上来说，公共关系评估渗透在公共关系工作程序的每个环节，它是对已经进行的公共关系工作的检查和总结，它控制着公共关系工作程序的每个环节。从狭义上来说，公共关系评估是对公共关系实施活动和效果的一种评价，重点在于分析公共关系活动实施前后社会环境、公众舆论的变化及目标实现的情况。

6.1.2 公共关系评估的作用

1. 公共关系评估是改进公共关系工作的重要环节

公共关系评估对组织的公共关系工作具有“效果导向”的作用。美国的公共关系先驱埃瓦茨·罗特扎恩在1920年说：“当最后一次会议已经召开、最后一批宣传品已经发出、最后一项活动已经成为历史记录时，就是你在头脑中将自己和曾经采取过的方法重新过滤一遍的时候。”通过对公共关系活动效果进行评估，可以及时发现问题、调整问题、改进问题，总结经验和教训，为下一步工作提供参考，创造条件。

2. 公共关系评估是开展后续公共关系工作的必要前提

从公共关系工作的连续性来看，任何一项新的公共关系工作计划的制订与实施都不是孤立存在和产生的，它总是以原来的公共关系工作及其效果为背景。制订新的公共关系工作计划，要对前一项公共关系工作计划从制订到实施、从效果到环境变化进行系统评估与分析。

3. 公共关系评估是鼓舞士气、激励内部公众的重要形式

公共关系工作计划实施的效果本身是一个复杂的结局，既涉及公众利益的满足，也涉及公众利益的调整。一般而言，作为组织内部员工，很难理解公共关系工作计划的实施过程。因此，当一项公共关系工作计划实施之后，公共关系人员应将公共关系工作计划的目标、措施、实施的过程和效果向内部员工进行解释和说明，使员工认清本组织的利益和实现的途径，自觉将实现本组织的战略目标与自己的本职工作紧密地联系在一起，并变为一种主动行为，从而增强组织内部员工的公共关系意识。

4. 公共关系评估能使组织领导者看到公共关系工作的效果，从而重视公共关系工作

在公共关系工作计划实施之后，组织可以通过对实施效果的评估，评估出组织形象的状况、组织形象的各种因素与制订实施计划之前的期望值之间的差距，从而更好地为下一次制订和实施公共关系工作计划提供参考依据。公共关系评估能够让组织领导者看到公共关系工作的明显效果，从而能更好地重视公共关系工作，支持公共关系工作。只有让领导者认识到公共关系工作与组织的经济效益、社会效益之间的关系，才能得到他们的支持，使工作顺利进行下去。

5. 公共关系评估可以衡量公共关系活动的效益

在公共关系评估过程中，可以通过衡量人力、物力、财力的配备与开展公共关系活动之间的平衡性，来衡量公共关系活动的效益。在进行公关关系活动之后，对公共关系活动实现目标的程度、开展传播的有效度、投入与收益比例等进行评估，成为公共关系实务中不可缺少的一个环节。

6.2 高铁客运公共关系评估的常见依据、标准和程序

6.2.1 高铁客运公共关系评估的常见依据

1. 根据大众媒介传播的情况来评估

在高铁客运公共关系评估过程中，可以从相关报道的数量、质量和新闻传播媒介的影响力三个方面来进行评估。

2. 根据组织内部资料来评估

组织领导层、管理层、营利性组织的股东在组织的经营管理过程中，根据公共关系活动的开展，结合公共关系活动既定目标的达成程度和完成效果来进行评估。此外，组织内部员工可以通过不同角度对公共关系活动的开展进行成效评价。

3. 根据组织外部资料来评估

及时收集组织外部消费者、相关组织、社区公众、政府等对此次公共关系活动的反馈，根据反馈情况进行评估。

6.2.2 高铁客运公共关系评估的标准

高铁客运公共关系评估的标准是相关评估人员进行公共关系工作评估的依据。根据

高铁客运公共关系评估的程序，可以将评估标准分成三类。

1. 准备阶段的评估标准

（1）背景资料是否充分

在准备阶段，公共关系活动尚未开始，尤其是公共关系活动对环境的影响还没有产生。因此公共关系效果较难评估，这一阶段评估的主要任务是检验在前几个程序中是否充分利用资料进行分析和判断，前面的分析判断是否准确，重点是及时发现在环境分析中被遗漏的对项目有影响的因素。

（2）信息内容是否充实

整个评估过程要紧紧围绕公共关系活动是否符合当前形势的要求而展开，分析公共关系活动中准备的信息资料是否符合目标受众和媒介的要求；沟通活动是否在时间、地点、方案等方面符合要求，有没有其他行动配合此次公共关系活动；人员与预算资金是否充分；等等。

（3）信息表现形式是否得当

检验有关信息，如宣传资料、产品设计等的表现形式是否新颖、是否吸引公众，具体包括文字语言的运用、图表设计、图片及展示方式的选择等。这是对公共关系活动组织者专业技能的检验，会受到主观因素的影响。

2. 实施阶段的评估标准

（1）检查发送信息的数量

发送信息的数量可以表现为在实施公共关系活动中所进行的电视广播讲话次数、发布信件数量、其他宣传材料发布的数量，并能发现其宣传性工作的进展情况及努力程度。

（2）注意被媒介采用的信息数量

公共关系人员可对简报和有关发表资料的记录加以分析，但不能直接用它们来评价活动的影响作用。因为尽管信息被媒介所采用，但并不能代表信息已对目标公众产生了实质影响。

（3）检查接收到信息的目标公众的数量

将接收到信息的各类公众进行分类统计，从中找出目标公众的数量。在评估过程中，如果发现存在目标公众对组织的信息材料接收不足的情况，应立即采取一些补救措施。例如，公共关系人员可以将传播媒介上发表的宣传材料复制出来，并将它们交到目标公众中的关键人物手中。

（4）注意传播信息的方式

公众接收到组织所发布的宣传材料和信息，并不意味着就能引起公众的注意。因此，组织在传播信息时不能只注意信息的内容和数量，而是应该采取更有效的信息传播方式，使所发出的信息能引起公众更大的注意。

3. 传播效果的评估标准

公共关系传播效果可以通过感觉层次、信息层次、态度层次、行为层次 4 个递进层次反馈出来。

（1）感觉层次

感觉层次是指公众通过感觉获得组织所发布的信息，公众获得的信息越多、越权威、越全面越好。这一层次是公共关系传播效果的最低层次，也是基础。

（2）信息层次

信息层次是指公众在接收到组织发布的信息之后，通过感觉器官作用于大脑，产生了思维，并对信息进行加工、处理，进而进行深层次的判断和分析。

（3）态度层次

态度层次是指公众对组织传播的信息产生了一定的态度，如判断信息是对还是错、是有用还是没用、是支持还是反对等。但是态度并非行为，态度可以被看作心理向行为转变的一种准备状态。

（4）行为层次

行为层次是指公众由组织传播的信息产生了相应的行为，并且是对组织有利的行为。这是公共关系传播效果的最高层次，这一层次的实现，必须以前面 3 个层次的实现作为基础。

6.2.3　高铁客运公共关系评估的程序

1. 明确的评估目标

评估目标是检验公共关系工作的参照物，有了参照物才能对公共关系活动进行前后对比，以此来检验公共关系策划方案实施的效果。这需要公共关系评估人员将有关问题（如评估重点）形成书面材料，以保证评估工作的顺利开展。另外，还要详细规定对调查结果的运用。如果目标与结果不统一，则会在调查中搜集许多无用的材料，影响评估的效率和效果。

2. 取得组织高层的认可后，将评估工作纳入公共关系策划方案之中

公共关系的评估不是公共关系策划方案的附属品或方案实施之后的补救措施，而是制订公共关系策划方案过程中的一个重要环节。因此，应该对评估工作给予足够的重视，对评估的具体操作方式、方法、内容、程序等进行充分的考虑和周密的筹划。

3. 使公共关系部门内部成员对评估工作达成共识

公共关系部门的管理者要清楚地认识到，要给组织内部成员足够的时间认识公共关系评估工作，并让组织内部成员亲自参与评估，以加深其对评估工作重要性的认识。

4. 将评估项目具体化

在评估过程中，应该将评估项目进行细化和分解，使公共关系工作计划的实施过程更加明确化、具体化和准确化。如果没有这样的细化和分解，则可能会影响项目评估的进程。

5. 选择合适的评估标准

根据组织具体的公共关系目标来选择相应的公共关系活动标准，以更好地达到组织的期望效果。

6. 确定搜集证据的最佳方法

公共关系活动调查不一定能给组织提供最全面、最有效的材料，查阅组织的活动记录也是了解公共关系活动实施效果的一种方法。在有些情况下，小范围的实验也是十分有效的。确定搜集证据的方法取决于评估目的及已确定的评估标准。

7. 保持完整的计划实施记录

保证记录的完整性能够充分反映公共关系人员在进行公共关系活动过程中的工作方式和工作效果，尤其重要的是反映公共关系策划方案的可行性程度，如哪些方法是及时有效的，哪些方法是无效的；哪些步骤衔接得比较紧密，哪些步骤还有疏漏甚至欠缺。

8. 评估结果的使用

由于公共关系活动的后一个周期是根据前一个周期的评估结果进行调整，公共关系活动的每一个周期都比前一个周期展现出更大的影响力。正是因为评估结果的使用，对公共关系活动开展的形式分析将会更加准确，公共关系目标的制定也将会更加符合组织发展方向的要求。

9. 将评估结果向组织管理者汇报

及时把评估结果向组织管理者汇报应该成为组织的一项固定制度。报告形式有正式报告和非正式报告两种。报告的作用，一方面可以保证组织管理者及时掌握公共关系活动的开展情况，有利于对公共关系活动进行全面把控；另一方面可以保证公共关系活动持续地与组织目标保持一致。

10. 丰富专业知识内容

公共关系活动的组织与评估让人们加深了对公共关系活动的效果的理解和认识，效果评估的结果又会进一步丰富公共关系专业知识的体系。通过每次公共关系活动具体项目的效果评估，所搜集和得到的资料将会经过抽象化分析，不断丰富公共关系行业的理论与实际内容。

6.3 高铁客运公共关系评估的方法和评估报告

6.3.1　高铁客运公共关系评估的方法

公共关系评估的目的就是取得关于公共关系工作过程、工作效益的信息，并以此作为决定开展公共关系工作、改进公共关系工作和制订公共关系计划的依据。进行高铁客运公共关系评估本身就是一项复杂的研究工作。因此，在进行公共关系活动效果评估时，应该尽可能地排除高铁客运公共关系活动以外的干扰因素，并采用多种方法进行评估。评估的方法有以下几种。

1. 直接观察法

直接观察法是指高铁客运公共关系工作人员以旁观者的身份和其他公众一样接触各种公共关系活动，以此对公共关系活动效果进行判断的方法。由于公共关系人员对公共关系活动比较了解，通过亲自参与调查，记录各个环节的进展情况和实施情况，对实施效果做出最直接的评估。其最大好处在于直接有效、方便快捷，但是不足之处在于受公共关系人员的主观判断影响，评估结果可能不真实，尤其是对敏感问题的评估。

2. 专家评估法

专家评估法又被称为德尔斐（Delphi）法。采用此方法的优点有：一是专家具有较高的专业水平和理论水平，能对评估做出更权威和更科学的分析；二是由于专家是第三方，评估结果会更客观。

这种方法需要首先由主持人拟定好需要调查评估的项目，并给出相应的评定标准和规则；其次邀请公共关系有关方面的专家来审定公共关系工作计划，观察计划的实施情况；在此过程中，各专家需要匿名、独立地就拟定的项目进行调查、发表意见，如果意见分散，则将上一轮意见进行汇总、整理，再反馈给每一位专家，请他们重新发表意见，直至意见趋于统一；最后汇总大多数专家的意见和结论，与实施人员交换意见，撰写评估报告，鉴定公共关系活动的成效。

这种方法可用于不易量化的公共关系活动效果的评估，但必须聘请知识和经验丰富、熟悉情况的专家，否则会影响评估的正确性。

3. 目标管理法

目标管理法是在确定公共关系活动的目标后，再将目标分解到每个环节、每个部门、每个员工，使其都有自己的目标和相应的措施，在活动实施过程中就能对完成情况进行测量评估的一种方法。在活动实施后，将测量的结果与原定目标相比较，就能衡量和评估出公共关系活动的成果。

4. 舆论测验法

舆论测验法是在确定的目标公众中，用问卷、访谈等方式征求公众的意见和看法，再进行信息反馈，从而判断公共关系活动的效果的一种方法。此方法具体可分为以下两种类型。

1）比较调查法，即在一次公共关系活动的前后，分别进行一次舆论调查，将检测结果与公共关系活动前的材料进行比较，从而分析公共关系活动的效果。

2）公众态度调查法，即在公共关系活动之后，对主要受众对象进行调查，了解他们对组织的评价和态度的变化，从而分析公共关系活动的效果。

6.3.2 高铁客运公共关系评估报告

公共关系评估报告，最重要的是精确地描述整个公共关系活动过程，全面地概括公共关系活动所获得的主要结果和存在的问题，科学地预测尚未发现的一些问题；在今后的公共关系活动中，公共关系评估报告提出相应的解决办法，为高铁客运公共关系决策者将评估结果用于组织战略决定提供更准确、更充分的信息依据。其撰写的意义不仅在于为决策者提供参考依据，更在于使组织清楚认识到公共关系活动中存在的问题和不足，以便总结经验和教训。

1. 评估报告的内容

评估报告的内容包括陈述开展公共关系活动的过程和成果如何、预期目标是否达到、预算和经费使用是否合理等。此外，还包括其他特定的内容，如对品牌、无形资产、员工素质等相对静态项目的评估，以及对专题活动、广告效应、销售金额等动态项目的评估。

2. 评估报告的格式

公共关系评估报告可以分为非正式报告和正式报告两种。

非正式报告经常通过非正式途径开展，如公共关系人员通过电话、面谈、简短汇报等形式将公共关系活动过程向组织负责人汇报。这种形式往往是组织内部日常事务的一部分，虽占用时间不多，但能真实有效地反映工作情况。

正式报告可以分为两种：文章式评估报告和表格式评估报告。

（1）文章式评估报告

文章式评估报告，即按文章的结构来撰写，有一定的文字描述和分析，并且报告中会提出相应的结论和建议。文章式评估报告的结构安排与具体写法如下。

1）标题。标题一般需要表明评估项目或性质，如《××公司××公共关系活动评

估报告》。

2）署名。评估报告可以由主办单位撰写，也可委托专业评估机构编制。署名一般位于标题之下。

3）正文。首先，正文开头应介绍公共关系活动评估的目的、背景、过程与方法，并简单介绍评估项目的基本情况。如果委托专业评估机构撰写，撰写人要对评估的由来或受委托进行该项评估的具体原因加以说明。其次，正文主体部分应对评估报告的各项指标和结果进行表述。表述方法既可对应各项评估标准列出评估结果的各项数据，也可采用各种形式的图表，辅以文字说明，将预期数、实际数和以往的数据加以对比。要求做到数据准确，材料与观点统一，语言简练。最后，正文结尾部分需要用简单明了的语言做出结论，并提出建议。例如，要阐明评估结果说明了什么问题，有何实际意义。建议必须针对评估结论，提出可以采取哪些措施以获得更好的效果。

4）附件。如果公共关系活动的评估报告将说明性图表或资料作为附件，则必须在正文下方依次标注附件的名称。

5）日期。在正文右下方写明提交的具体日期。

（2）表格式评估报告

表格式评估报告，即通篇以表格呈现，各项评估结果均以数据表或曲线图来解释。

巩固与应用

一、思考题

1．公共关系评估的作用是什么？
2．高铁客运公共关系评估的依据及标准有哪些？
3．高铁客运公共关系评估的依据、标准和程序各包括哪些方面？

二、案例分析题

2015 年 11 月 25 日，李克强总理邀请来华出席第四次中国−中东欧国家领导人会晤的中东欧国家领导人共同乘坐中国高铁。这趟从上海开往苏州的高铁列车，11 时准时出发，5 分钟后就成功提速到 301 千米/时，全程 91 千米，仅用时 22 分钟。虽然乘客的阵容十分强大，但这趟列车也仅是普通高铁的商务车厢。如此安排，就是为了让外国领导人感受其中的细节，真实地体会“既舒适又安全”的中国高铁。

这一高速动车组实现了十大关键技术的创新突破，被誉为中国高端装备制造业自主创新的典范；从苏州到上海的高铁穿行经济发达的长三角地区，沿线可以看到现代化的工厂和村庄，展现了中国经济繁荣增长的景象。作为中国的“高铁代言人”，李克强总理多次在外交场合提及并宣传中国高铁。这次别开生面的“高铁外交”，成功地让国际社会更多地了解中国高铁，看到了中国制造业技术正在不断创新和进步，也向世界传达了中国自主品牌从“中国制造”走向“中国智造”的实力和决心。

（资料来源：佚名，2016. 事件一：“高铁外交”推广“中国智造”[J]. 国际公关（1）：40.）

分析：针对案例中为中国高铁开展的“高铁外交”活动，请从公共关系活动方面对此活动进行评估。

第三篇
高铁客运公共关系的应用

第7章 高铁客运公共关系的类型

学习目标

1. 了解高铁客运组织的内部公共关系和外部公共关系。
2. 掌握高铁客运组织的内部公共关系的运行方式。
3. 掌握高铁客运组织内部公共关系的沟通与障碍。
4. 掌握外部公共关系中的顾客关系及其他关系的处理技巧。

7.1 高铁客运组织的内部公共关系

高铁客运组织的内部公共关系是高铁客运组织内部纵向公共关系和内部横向公共关系的总称。对于组织结构而言，纵向公共关系是高铁客运组织机构上下级之间的关系，横向公共关系是高铁客运组织机构同级职能部门、班组之间和员工之间的关系。任何企业的公共关系工作都首先从内部开始运作，因为只有“内团结”的公共关系基础，才有“外发展”的公共关系。从这一点来说，高铁客运组织的内部公共关系是塑造组织形象的起点。良好的高铁组织形象来自内部全体员工的共同努力和不懈奋斗。因此，协调高铁客运组织的内部公共关系，是公共关系的重要基础工作。

7.1.1 高铁客运组织的内部公共关系分析

1. 高铁客运组织的内部公共关系的组成

高铁旅客运输是一个多部门多岗位相互协调、相互联动的过程。高铁客运组织是旅客运输生产中的重要部分。高铁客运组织的内部关系网络由员工关系、部门关系及股东关系组成。

（1）员工关系分析

处理好员工关系是组织公共关系的首要任务。良好的高铁客运形象的树立，良好的高铁客运服务环境的营造离不开员工的共同努力与奋斗。高铁客运员工涉及票务系统、服务系统、技术系统等多个系统。组织内部的公共关系需要考察不同员工的不同层次的需求，有针对性地引导高铁客运组织内部公众的行为，尽可能地调动每个员工的积极性、主动性和创造性。例如，成都东站在投入使用初期，由 48 位工作人员承担了包括售票、检票、运转指挥在内的所有客运业务工作。如果没有这 48 位员工的积极和主动，这些工作就不可能完成。因此，高铁客运企业需要不断满足员工不同层次、不同内容的需求，才能激发全体员工的内在动机，促使员工的自觉行为。建立良好的员工关系，需要注意以下几点。

1）满足员工的物质利益。物质生活方式是社会成员最基本的生活方式，物质利益原则是社会发展的一项基本原则。物质利益主要包括员工收入、福利待遇、劳动保护、社会保障、工作环境等。高铁客运企业在条件允许的情况下，需要尽量满足员工的物质利益，使物质待遇与劳动付出基本匹配。但是，高铁客运企业会受到经济效益等限制，不可能完全满足员工的物质利益。

2）关心员工的精神需求。高铁客运企业要从根本上激发员工的工作积极性和自我

实现的价值，关心员工的精神需求。高铁客运企业要满足员工的精神需求，需要建设高铁文化。高铁文化包括适应高铁时代特点的企业新形象、新愿景、新使命和新目标，以及员工科学技术知识的普及与提高、文学艺术的创作与欣赏、文娱体育活动的开展与组织等。高铁文化在活动内容、活动时间、活动场所上更加灵活，更有针对性、群众性和可行性。只有高铁文化指引企业不断向满足员工的精神需求前进，员工才能更好地在工作中得到自我价值的实现。

3）注重员工的品德教育。随着社会多元化的不断发展，高铁客运企业对员工的管理工作也面临着挑战，其中对员工的品德教育有利于企业和员工共同价值的实现。对员工进行品德教育的最终目的是实现对员工潜能的最大挖掘，将员工内心深处的崇高人性焕发出来，更好地帮助员工健全自身的人格，从而更好地使员工实现自我完善，使员工以更积极的心态参与到高铁企业的工作中。

（2）部门关系分析

高铁客运企业是一个庞大且复杂的运营系统，涉及机务、车务、工务、电务、供电、供水、列车及调度等多个部门。高铁的安全运行离不开各部门各工种的相互依赖、衔接紧密。正是这些部门互相配合支撑着高铁客运高速、有序、安全地运转，各部门在管理上具有了不可分割性。随着高铁客运量的增加，人、车、路、环境之间出现的一些不协调现象会导致交通事故。一旦处理不当，往往会造成交通瘫痪，产生重大的政治、经济和社会影响。因此，高铁客运企业在内部公共关系上需要各部门信息传递顺畅，能够协调运行，符合“精简、统一、高效”的原则。

（3）股东关系分析

我国的高铁客运专线大多是由政府、大型企业投资修建的。专线投入使用后，相关部门就要收取旅行费用以偿还建设投资和维持管理维护的正常开支，并积累资金滚动发展。因此，高铁客运专线的经营范围也在不断扩大，如高铁广告、高铁旅游等多种项目的经营开发。这种可经营性要求其管理体制引入市场经营机制，进行企业化管理。在此背景下，我国高铁客运在建设和经营模式上实行了股份制的组织结构模式。

股东关系是指高铁客运与其投资者之间存在的公共关系。股东的切身利益与高铁的经营状况息息相关。因此，高铁企业需要构建良好的股东关系，而良好的股东关系需要对等的信息沟通。高铁企业需要及时向股东报告企业的发展目标、发展规划、经营计划、盈亏状况等。同时，高铁企业公共职能部门还需要收集和了解股东情况、股东对企业的建设意见等，并及时汇报给高铁主管领导。

2. 高铁客运组织内部公共关系的特征

一般可以将高铁客运组织内部公共关系理解为高铁企业的一种专门管理职能，是高铁企业为实现其既定战略目标和经营目标，基于与企业内部公众的各种利益关系而形成的一种客观社会关系。高铁企业内部公众具有以下三点特征，了解这些特征才能有针对性地引导高铁客运企业内部公众的行为，最大限度地为企业创造财富。

（1）稳定性

高铁客运组织的稳定性体现在两个方面：一是在一定的时空条件下，高铁客运组织的内部公众是相对稳定的，即内部的人员结构、数量在一定时期内不会有大的变化，高铁员工不会大规模地调离、辞职或失业，其内部公众能保持基本稳定；二是高铁客运组织发展的大环境、整体规划有其相对稳定性，这就决定了内部公共关系的目标与计划是整体的，具有相对稳定性。

（2）密切性

在众多类型的公共关系对象中，高铁内部公众与组织的关系最为密切。这主要体现在高铁内部公众切身利益与组织整体利益是息息相关的，存在着一种荣辱共存、同舟共济的关系。因此，高铁内部员工特别关心组织的发展与变化，同时，高铁内部员工的精神状态、工作能力、技术水平也直接影响着高铁客运组织目标的实现。

（3）可控性

与其他公众对象相比，高铁客运组织的内部关系比较容易控制。一方面，高铁客运组织内部可以通过行政管理手段协调控制内部员工的思想行为，有针对性地引导员工的言行；另一方面，高铁内部员工不同程度地存在着自我控制能力，具有上下级之间的服从关系，这就为指挥或调动内部员工奠定了相应的基础。

总的来说，高铁客运组织内部关系的构成是由组织内部公共关系的相互联系、相互依存的三大特点（即稳定性、密切性和可控性）决定的。

3. 高铁客运组织内部公共关系的重要性

构建良好的高铁客运组织内部公共关系，是高铁客运组织良好形象的起点与基础。为了维护高铁客运组织的利益，需要充分认识内部公共关系的重要性。

（1）良好的内部公共关系可以塑造组织积极的形象

良好的内部公共关系维护着高铁客运组织的形象。高铁客运组织属于服务型公关模式，每一位内部公众对社会公众的影响比专门策划的宣传和活动更加直接有效。高铁客运组织作为运输企业，其目的是以实际行动塑造积极形象，获得社会公众的好评。

（2）良好的内部公共关系可以增加组织的凝聚力和向心力

员工是组织最重要的内部公众。良好的内部公共关系可以培养员工的认同感、归属感，形成组织的凝聚力和向心力。凝聚力和向心力是高铁客运组织立足的基础，因此，高铁客运组织必须重视内部公共关系观念的培养，增强其凝聚力和向心力。

小资料 7–1

好风凭借力，扬帆正当时

2018 年 8 月 8 日是内蒙古自治区首条跨区域动车组列车运行线——长（长春）白（白城）乌（乌兰浩特）快速铁路开通运营一周年。这条承载着吉林、内蒙古人民希望的铁路，经历了高温酷暑、暴风雨雪的洗礼，经受了春运、暑运、小长假等客流高峰的考验，安全优质高效发送旅客 501 万人次。

1. 方便沿线百姓出行

“以前车少人多时间长，现在回家不仅更快了，车次也更多了。”在长春工作的王先生几乎每周都会坐长白乌快速铁路列车回到白城看望家人。

长白乌快速铁路开通运营后，吉林省白城、松原，内蒙古乌兰浩特等城市迈入高铁时代，乌兰浩特至长春的旅行时间由原来的 5 小时 18 分缩短至 3 小时 22 分。

中国铁路沈阳局集团有限公司还对长白乌快速铁路沿线旅客出行意向等相关数据进行分析，及时调整开行对数，在旅客出行较为集中的时间段增开周末线、高峰线等旅客列车，全力满足旅客的出行需求。同时，该局集团公司在早、晚通勤时间段，还开行了“站站停”动车组列车，满足沿途旅客上下班出行需求，被百姓亲切地称为“公交列车”。

2. 推动区域经济社会发展

长白乌快速铁路的开通运营，进一步密切了东北地区、内蒙古自治区与全国各地区的交通往来，打通了一条粮食、煤炭、石油、钢铁等资源和汽车制造等产品相互交换的高效、便捷运输通道。该条线货运量在长白乌铁路每年 614.2 万吨的基础上，提升到改造后的每年 718.7 万吨，使经济发展一体化潜能得到充分释放。

同时，长白乌快速铁路沿线城市实现了与沈阳、长春、大连等中心城市的无缝对接，为东北地区搭建起“协同发展、共谋振兴”的桥梁；对拉动区域经济社会发展，特别是对增进少数民族地区经贸文化等方面交流，发挥了积极和重要作用，更进一步促进了吉林省、内蒙古自治区融入国家“一带一路”建设，成为推动区域经济社会发展的“新引擎”。

3. 激活沿线旅游资源

“长白乌快速铁路开通以来，乌兰浩特市接待游客人数增长了 27%，激活了乌兰浩特地区的旅游资源。”乌兰浩特市旅游局副局长任建飞告诉记者。

长白乌快速铁路途经净月潭国家森林公园、嫩江湾国家湿地公园、查干湖国家非物质文化旅游区等众多旅游名胜。它的开通运营不仅串起了沿线一道道美丽风景，也为“说走就走的旅行”提供了出行便利。

特别是 2018 年暑期，东北地区迎来了历史罕见的持续高温天气。前往净月潭森林公园、查干湖等避暑胜地游玩的游客明显多了起来，极大带动了区域旅游产业的发展。

4. 全面保障安全运营

长白乌快速铁路横跨内蒙古自治区、吉林省，地处高寒地区，建设标准高、技术复杂、专业性强。为保障长白乌快速铁路安全畅通，中国铁路沈阳局集团公司针对区域气候特点，建立了各类应急预案，加强应急演练。为提升长白乌快速铁路线路质量，该局集团工务部门通过先进技术设备动态测量分析数据，及时维护整治线路；供电部门在线路开通前就组织施工单位利用接触网检修列车对全线供电设备进行了平推检查；电务部门对线路设备实施 24 小时监测，及时检修维护设备，确保线路通信、信号安全畅通。

开通运营一年来，长白乌快速铁路先后经历了暴风雨雪等考验，安全运行率达到100%。

5. 打造温馨出行环境

“买票、乘车都可以用蒙古语交流，特别方便。”蒙古族姑娘萨仁高娃对此非常满意。

长白乌快速铁路开通一年，中国铁路沈阳局集团公司在沿线车站增加自动售（取）票机26台、安装各类电子显示屏73块，沿线三等以上车站增设“温馨驿站”“儿童乐园”“母婴候车室”“爱心服务台”等，并推出了“蒙汉双语”购票咨询、上门代订车票、站车爱心接力等特色服务，满足不同旅客的服务需求。

长白乌快速铁路沿途少数民族旅客较多，为此列车增设了蒙汉双语广播，车队坚持每月对乘务员进行蒙古语和风俗礼仪的培训，确保少数民族旅客在列车上有如回家般的感受。

好风凭借力，扬帆正当时。长白乌快速铁路开通运营一年就得到了安全好、秩序好、服务好和反响好的声誉，向东北人民交上了一份令人满意的答卷。

（资料来源：佚名，2018. 好风凭借力 扬帆正当时[EB/OL].（2018-12-14）[2019-05-16]. http://www.china-railway.com.cn/xwzx/zhxw/201812/t20181214_85112.html.）

7.1.2 高铁客运组织内部公共关系的运行方式

高铁内部公众在与高铁客运组织互动的过程中会产生认知、动机、态度和行为，这是内部公众心理活动的全过程和全部内容。高铁内部公共关系的运行方式就是通过某种途径、采取一定手段对内部公众的心理活动进行有计划的调节和有意识的引导。

1. 增加内部公众对高铁客运组织的认知

高铁内部公众对高铁的认知是指高铁员工对组织行为的知觉、印象、记忆、想象、判断和理解的程度。它是高铁内部公众心理活动的开端，也是联络内部公众感情、改变内部公众态度、引导内部公众行为的基础。

为了争取内部公众对高铁客运组织的认知，需要采取一些有效的手段，可以从以下两个方面入手。

（1）注重内部公众对高铁客运组织的第一印象

内部公众对高铁客运组织的第一印象特别重要，各个高铁客运部门的新员工在报到、培训方面就有了“先入为主”的认知规律。因此，高铁客运组织要做好各方面的工作，如向员工全面介绍高铁客运情况、帮助员工尽快熟悉同事及工作环境等，以给员工留下美好的第一印象。

（2）增强高铁客运组织的透明度

高铁客运管理要达到高透明度，让内部公众充分了解决策动机和过程。例如，通过文件、刊物、新媒体等方式把组织内部的重要活动、重要事件告诉员工，员工了解高铁客运组织的管理动态、方针政策，以及取得的成就或面临的问题与困境后，做到“上情下达，下情上达”。

2. 激励内部公众对高铁客运组织的热爱

要激励内部公众对组织的热爱，关键在于满足内部公众合理的愿望和需求。高铁客运内部关系的协调过程是不断强化激励的过程。人的心理活动规律：需要→动机→行为→目标→满足需要。通过设置一定的目标作为诱因，刺激员工未满足的需要，激起员工实现目标的欲望。根据员工的个性、特点及爱好，通过分配恰当的工作来激发员工内在的工作热情；同时，采用物质激励和精神鼓励的方式，奖励先进，弘扬正气，以典型带动一般，以先进推动后进。

3. 转变内部公众对高铁客运组织的态度

态度是公众对某类事物所持的一种心理倾向，这种心理倾向包括认知因素、感情因素和意向因素。内部公众的态度在很大程度上决定了他的思维方式、生活方式和工作行为。高铁内部公共关系工作的一项重要任务是通过各种形式的宣传、教育和沟通活动，端正员工的工作态度，改变消极态度，使广大员工形成一种符合社会规范和职业要求的正确态度，以提高高铁客运素质。其内容包括以下几点：①树立员工对高铁客运的信心，同时培养员工确定自己的人生目标，并以高铁客运的发展作为个人成功的前提；②养成主动、积极、负责尽职、勤奋不懈的工作态度；③培养坚强的意志，使员工勇于面对现实和逆境，不被环境左右，不被困难吓倒，固守工作岗位；④培养成功的欲望和知足的人生观，以避免或减轻失败后的颓丧程度。

4. 引导和调控内部公众的行为

高铁客运内部关系工作的最终目标是引导和调控内部公众的行为。高铁客运组织可通过以下几种方式对内部公众的行为进行引导和控制，建立积极向上、团结和谐的内部公共关系。

1）思想教育。以高尚的世界观、人生观和价值观为基础，用正确的政治思想启迪人们的觉悟水平，促使内部公众的行为沿着正确的目标和方向运行。

2）纪律限制。以内部各种纪律和规章制度为准绳，对违纪行为给予必要的处罚，以达到调整内部公众行为的目的。

3）道德约束。运用职业道德规范促使他们在良心和外在舆论的监督下，树立一定的道德信念，并以此约束自己的言行。

4）经济控制。运用经济杠杆的作用，把高铁客运的利益与职工切身利益紧密联系起来，利用工资、奖金等形式调控员工行为。

7.1.3　高铁客运组织内部公共关系的沟通与障碍

高铁客运组织内部沟通是内部公共关系活动的重要内容，是达成目标的重要手段。

1. 高铁客运组织内部公共关系的沟通原则

高铁客运组织的内部沟通是内部公共关系活动的重要内容，是协调各内部公共关系的凝聚剂，要正确处理组织与内部公众的关系，需要遵循一定的基本原则。

1）真实性原则。真实性原则，即高铁客运组织领导者和公共关系部门在协调沟通内部公共关系时，要实事求是地认识高铁客运组织内部所出现的各种矛盾，切忌主观性、片面性和随意性。主观偏见是内部沟通的禁忌，只有从客观事实出发，认清问题的本质，抓住解决问题的关键，妥善地解决各种矛盾，才能使组织与内部公众的关系越来越融洽和谐。如果违背真实性原则，只会适得其反。

2）平等性原则。平等性原则，即组织的领导者与员工之间、员工与员工之间平等相待，真诚合作。每一个公民，只有职位和分工不同而没有高低贵贱之分。从本质上说，高铁客运组织内部是完全平等的。因此，在组织内部的公共关系沟通中，只有坚持平等性原则，克服等级观念等错误观点，使平等变为事实上的平等，尊重其人格，才能充分调动一切积极因素，为实现组织的发展目标而服务。

3）艺术性原则。艺术性原则，即艺术化地协调组织与内部公众的关系。以平等为前提的内部公众关系，不能用行政强制手段去进行沟通工作，而必须强调在运用技术手段时，注重技术手段的艺术性，采取灵活多变的方式、方法和技巧，实现内部关系的协调。在影响公众方面，科学对人的影响侧重于知识，而艺术对人的影响侧重于情感。相对于科学而言，艺术更容易对人的情感产生直接巨大的影响。

上述三项基本原则各有侧重，但从总体来看，三者之间存在内在联系，相辅相成、缺一不可。因此，在内部公共关系沟通中，必须把这三项基本原则有机结合，才能建立起和谐融洽、团结一致、积极进取的高铁客运内部公共关系环境。

2. 高铁客运组织内部公共关系沟通障碍的消除方法

1）激励动机法。激励动机是激励的切入点和根本点。关于激励内部公众动机的方法，一般有以下几种：①目标激励，目标是内部组织对员工的一种心理引力。设置适当的目标，激发内部公众的动机，可达到调动人的积极性的目的。目标的设置要合理、可行，与员工的切身利益密切相关。高铁客运内部组织要设置总目标与阶段目标，总目标可使人感到工作有方向，阶段目标可使人感到工作的阶段性、可行性和合理性。②奖惩激励，即通过奖励和惩罚来充分肯定内部公众的合理动机和正确行为；同时，彻底否定员工的不良行为，使之收敛和消退。在对内部员工实施奖励时，要把物质奖励和精神奖励相结合，决不可只重视一方面而忽略另一方面。③榜样激励，是一种行为激励，通过榜样的示范来规范、引导其他员工的行为，激发内部公众的上进心，从而形成合力，指向共同的目标。

2）双向沟通法。双向沟通法具体到高铁客运组织内部的双向沟通，一方面将组织决策的信息及时传递给员工，提高组织决策的透明度；另一方面将来自内部公众的信息如实地反馈给组织的决策机构，使之及时听到“民众的声音”。因为双向沟通存在一定的成本障碍，所以高铁客运组织内部的双向沟通存在着一定的困难。但良好的双向沟通能使团队达到一个共同的愿景并收集更多的有效信息，就长期而言，可以创造更大的效益。

3）启迪思想法。启迪思想法是指在处理客运组织内部公众关系时，通过各种途径，

运用多种形式，启迪公众思想觉悟的方法。例如，各铁路局集团公司经常开展的形势教育、国情教育、民主与法制教育等，就是为了提高内部公众的思想觉悟。员工的觉悟提高了，胸怀开阔了，立足点站得高了，其他问题也就容易解决了，高铁客运组织与内部公众的关系也一定会达到融洽和谐的高度。

7.2 高铁客运组织的外部公共关系

高铁客运组织外部公共关系是指组织与其运行过程发生一定联系的所有外部关系的总和。高铁客运组织通过有计划地利用各种信息传播手段，争取社会的信任、支持与合作，从而树立良好的形象，以促进高铁客运的发展。高铁外部公共关系对于高铁客运具有重要意义，协调旅客关系、媒介关系、政府关系及其他社会公众关系，提高知名度和赞誉度，可为高铁客运组织创造一个良好的社会外部环境。

7.2.1 旅客关系

1. 协调旅客关系的重要性

旅客关系是指高铁客运组织与购买其服务产品的消费者之间的关系。旅客是高铁客运最重要的外部公众，其重要性主要体现在以下几个方面。

（1）旅客关系影响旅客的购买行为

高铁客运属于第三产业的服务业，旅客的需求是高铁客运一切活动的中心和出发点。只有将旅客的需求放在第一位，才会有良好的旅客关系，从而正面影响旅客的购买行为。旅客的购买行为直接决定高铁客运的长远发展。

（2）旅客关系决定高铁客运的社会声誉

良好的社会声誉是高铁客运生存和发展的前提，高铁客运获得旅客的认同就能够获得社会大众的认同，从而建立良好的社会声誉。

总之，旅客是高铁客运具有直接利害关系的外部公众，协调旅客关系的目的是保障高铁客运的可持续发展。

2. 协调旅客关系的途径

（1）提供优质服务

随着高铁的快速便捷、干净舒适的车厢环境为人们体验和熟知，人们也逐渐转变消费观念和行为，越来越青睐将高速铁路作为自己中远程出行的主要选择。航空运输业的快速发展给高铁的发展带来不少挑战，大部分航空公司会为旅客提供免费餐食，甚至一些个性化的服务。高铁要脱颖而出，优质化的服务必不可少。首先，高铁需要优质的乘务，高铁乘务是一线工作人员，直接与旅客接触，其工作态度直接决定了旅客对其的第一印象，高铁乘务的工作质量越高，旅客的满意度就会越高。其次，优质的服务离不开高铁列车良好的内部环境。例如，在高铁列车上配备手机充电接口、覆盖无线网络。最后，优质的服务也离不开外部环境候车室的配套服务。例如，在饮水处配备一次性纸杯，在卫生间配备卫生纸巾，配备足够的椅子供旅客休息等。

优质的服务是维系与旅客关系的最根本因素。对旅客以诚相待，旅客对于高铁客运的满意度就会越来越高。

（2）重视与旅客的信息交流

与旅客的信息交流主要包括两个方面。

1）加强高铁客运与旅客之间的信息交流。例如，通过新媒体平台如微信公众号、微博进行推送，通过高铁列车上的视频向旅客介绍高铁趣闻等，加深旅客对高铁客运的了解，争取赢得旅客的信任与支持。

2）高铁客运要注意收集旅客的信息。例如，通过问卷调查、市场调查来了解旅客对服务质量、设施设备等各方面的评价和需求。通过信息交流，针对旅客的心理需求，提供产品和服务，保障高铁客运的可持续发展。

（3）妥善、及时地处理旅客的投诉

高铁客运投诉处理工作的成效，直接影响高铁客运的服务质量及旅客的回头率。因此，投诉处理工作十分重要。

高铁客运服务引发的投诉原因较为广泛，如票额不足、服务不当，以及暑运、春运客流高峰期的特殊性等。本质上，旅客投诉是因为个人利益或尊严受到损害，希望通过投诉的方式获得补偿。一般来说，处理投诉工作既要维护旅客的权益，也要维护高铁客运的长远声誉及整体效益。处理旅客投诉应注意以下几点：①态度要诚恳。处理旅客投诉的工作人员要认真倾听、态度诚恳，竭尽所能地避免与旅客产生摩擦和矛盾。②处理要及时。如果对旅客的投诉拖延处理，只会让旅客更加愤怒，造成更恶劣的结果。③分析要全面。处理旅客投诉的工作人员应经验丰富、能够灵活处理和全面分析投诉事件，更好地根据投诉内容进行处理，达到事半功倍的效果。

小资料 7-2

“开漆大典”

美国长岛铁路公司（简称长岛公司）沿线的车站显得有些陈旧，长岛公司决定对所有车站进行重新油漆。为了创造与乘客融洽、和谐的工作气氛，车站油漆颜色将由公众决定。于是，长岛公司登出广告与启示，请乘客与铁路沿线的居民投票选择车站理想的颜色。有关公众纷纷踊跃响应，来电来函发表自己的意见。

长岛铁路公司的这一举措，很快引起了新闻界的注意，各新闻媒介纷纷前来采访并进行报道。至此，长岛公司认为时机成熟，便在其中心车站举行了一个隆重而热烈的“开漆大典”，当众宣布公众投票选择的结果，并正式开漆。

这天，中心车站万众聚集，政府要员、社区主管、商会理事及工商人士等应邀到场。鼓乐声中，最后选定颜色的木板上的帷幕在一片欢呼声中被揭开。接着，一桶这种颜色的油漆被抬出来，当地政府要员拿起漆刷在中心车站的墙上刷下第一笔，这意味着长岛公司车站正式开漆。如此隆重而富有新意的“开漆大典”，引来了一大批记者，长岛公司的名声不胫而走，知名度很快得到了提高。

据传，长岛公司原先和乘客关系紧张，一度声誉大降，旅客对公司的服务强烈不满，写来的抱怨信每周就有200多封。后来，新上任的公司总经理决定重建信誉。除举办“开漆大典”外，还装修车箱，增设空调车，改善行车时间，以诚恳的态度对待差错，用出租雨伞等措施方便顾客。公众对长岛公司的态度发生了很大变化。长岛公司还曾为此荣获《公共关系新闻》杂志颁发的“年度成就奖”。

（资料来源：徐湘江，2006. 领导公共关系[M]. 长春：吉林文史出版社.）

7.2.2　媒介关系

高铁媒介关系包括两个方面，即高铁客运与新闻传播机构及新闻界人士的关系。报纸、期刊、广播、电视及数字化新媒体，以其传递信息迅速、受众数量巨大、影响涉及面广的特点，正日益成为影响和传播公众关系中的权威性机构。通过媒介可以大规模地向公众传递高铁客运的重要活动、相关观点，树立高铁客运良好的公众形象。

1. 协调媒介关系的重要性

（1）媒介关系是高铁客运与公众沟通交流的重要桥梁和工具

新闻媒介具备一种对企业的颠覆性的力量，因此，媒介关系在公共关系中占据核心位置。新闻媒介在发布信息时，具有社会性、公开性、及时性等特征，正是这些特征使新闻媒介具有高权威性、高一致性、高覆盖度。随着高铁客运的市场化程度日益提高，经济社会影响逐渐加强，公众对高铁客运的依赖与关注度也越来越大，在这样的条件下，高铁客运公众形象的作用和价值更加突出，而新闻媒介在塑造公众形象方面有丰富的资源和能力。因此，媒介关系是高铁客运与公众沟通交流的重要桥梁和工具。

（2）媒介关系是高铁客运信息流通过程中的把关人

在大众传播的新闻报道中，新闻媒介成为信息流通的实际把关人。这是因为由他们决定对新闻信息进行取舍，决定哪些内容最终与公众见面，也决定着高铁客运的曝光机会、程度和频度。在这样的情况下，新闻媒介既是高铁客运公众形象的塑造者，又是高铁客运公众形象的监督者。

2. 协调媒介关系的途径

（1）充分尊重新闻媒介

在与新闻媒介进行交往时，要尊重新闻媒介的独立性、特殊性和重要性，高铁客运组织应本着以礼相待、平等对待、以诚相待的原则，注意各自不同的出发点。公关人员与新闻记者的目的和职业特点不同，有时甚至是矛盾的，在这种情况下，必须尊重新闻媒介的职业特点。新闻媒介的职业特点是重视新闻报道的客观性、及时性和公正性，而不受其他势力所左右。尊重新闻媒介的职业特点，就必须尊重新闻记者地位的独立性，对记者的采访必须提供支持和帮助。

（2）与新闻媒介保持常态化联系

高铁客运组织需要与新闻媒介保持常态化联系，这些联系包括人员联系、工作联系、信息联系。要有计划地邀请新闻媒介参与公共关系活动，要与媒介相关人员沟通思想、交流看法、征求意见。

（3）主动向新闻媒介提供信息

高铁客运组织进行新闻传播，通常采取以下几种方法。

1）举办新闻发布会。新闻发布会具有较高的权威性和影响性，一般发生重大事件的时候会召开新闻发布会，如新高铁线路开通、危机突发事件等情况。

2）组织撰写新闻稿。高铁客运可以主动将新闻稿提供给新闻媒介。新闻稿可以涉及满足经济需要、社会需要、思想领域需要的新闻稿。这样既可以及时准确地传递信息，又可以为新闻媒介节省人力和物力。

3）邀请媒介进行采访。这是宣传高铁客运形象比较方便快捷的传播方式，邀请的记者应与高铁客运组织保持长期的良好关系。单独受邀采访的报道因为采访时间关系，写出的新闻报道有一定针对性且有一定深度，公关效果较好。

4）为媒介制造新闻。制造新闻是一种积极主动的传播方式，它不是指无根据地编造新闻，而是指有目的、有意识、有计划地根据新闻事件的特点，有效开展一些宣传活动，以便引起新闻媒介的广泛报道，产生重大的社会影响。

7.2.3 政府关系

政府是国家的权力执行机关。它对社会各部门、各行业乃至各企业和各阶层人士进行统一管理。因此，高铁客运与政府之间存在不可分离的关系。具体来说，高铁客运通过各种传播手段，利用各种平台与政府公众（包括工商、人事、财政、税务、治安等政府职能部门及其工作人员）进行沟通，即高铁客运与政府的关系，也可以说是高铁客运与政府公众之间的公共关系。

1. 协调政府关系的重要性

（1）政府是权力公众

政府作为国家权力的执行机关，通过政策制定和行政干预，对高铁客运组织的活动具有直接的制约作用。高铁客运组织必须在政府政策允许的范围内运行和发展，必须服从政府的统一管理。

（2）政府具有高权威性的影响力

政府是国家行政管理机构和国家权力执行机关，是最具社会影响力和经济实力的影响者。这种社会影响力是其他公众不可超越的。政府的支持与援助将会使企业获得长足

的发展。近年来，我国高铁建设实力不断增强，加之政府的支持，高铁客运组织已经参与了多个国家和地区的高铁建设项目。例如，雅万高铁（雅加达—万隆）项目标志着中国高铁“走出去”进入快速实施阶段。

（3）政府是高铁客运品牌形象的保护者

要明白政府关系与其他公共关系是相互作用的。高铁客运组织的品牌价值、社会形象对政府都会有很大的影响；政府关系处理得好，品牌形象也会得到有效保护。此外，高铁客运组织要时刻关注政府政策的变化，根据政策的变化调整政府关系管理方案。

2. 协调政府关系的途径

（1）加强与政府部门的信息沟通

沟通创造价值，沟通是主要的执行手段。高铁客运公共关系人员和管理者要主动向政府有关部门和领导人汇报高铁的基本发展情况。例如，如实申报经济数据、据实反映重大事件。

（2）积极参加政府的公益活动

高铁客运组织要积极响应政府号召，完成政府交给的除本职工作和经营任务以外的任务，为政府分担一定的社会责任，如社会公益事业、植树造林、美化环境、保护生态平衡及其他与社会主义精神文明建设有关的活动。这样可以树立良好的形象，也可以提高高铁客运的社会声誉和知名度。

（3）加强与政府官员的接触

高铁客运组织要利用机会，邀请政府有关人员来内部视察和指导工作，以便及时反映高铁客运组织的呼声和要求。例如，新高铁线路的奠基或开通仪式、技术鉴定会、总结表彰大会等重大活动。

7.2.4　其他关系

除了上述高铁客运组织基本公众对象之外，还有若干种公众对象也是比较重要的。

1. 社区关系

社区关系也称为区域关系、地方关系、睦邻关系。社区关系主要是指高铁客运组织与它所在的地方政府、社会团体、其他企业及当地居民之间的关系。处理好社区关系，可以获得社区居民的关心和支持，能够使高铁客运组织在社区环境中树立良好的形象。

2. 名流关系

名流关系是指高铁客运组织利用对于公众舆论和社会生活具有显著影响力和号召力的社会名人，展示宣传良好的客运形象。例如，科学、教育、学术界的权威人士或者在文化、艺术和体育方面成就明显的公众人物，这类关系对象的数量有限，但是引起的社会效应强烈，对高铁客运组织的影响力较强。

3. 国际公众关系

国际公众关系主要是指高铁客运组织利用运输条件协调其与特定国际公众的关系。高铁客运组织需要在国际公共关系活动中面对不同国度和不同文化背景的公众对象。在政府的支持下，中国高铁“走出去”战略正在稳步实施，发展良好的国际公共关系是为了使中国高铁客运在国际公众和国际舆论中得到了解和支持，为高铁客运创造良好的国际声誉和国际环境。

巩固与应用

一、名词解释

高铁客运组织的内部公共关系　高铁客运组织的外部公共关系　旅客关系　媒介关系　政府关系

二、思考题

1. 高铁客运组织的内部公共关系的特征有哪些？
2. 高铁客运组织内部公共关系沟通障碍的消除方法有哪些？
3. 建立良好旅客关系有什么重要意义？处理旅客关系应该把握哪些技巧？
4. 与媒介关系的处理措施有哪些？
5. 建立和保持良好的政府关系对于高铁客运企业有哪些重要意义？

三、案例分析题

截至 2018 年 8 月 31 日，为期 62 天的铁路暑运圆满收官，共发送 6.55 亿人次，其中高速动车组客流占六成。

正如预期，铁路企业不负众望，克服高温酷暑、暴雨雷电等恶劣天气，运输安全持续稳定向好，成绩可喜可贺，给全国人民交了一份满意答卷，在交通强国、铁路先行的新征程中扬帆启航、砥砺前行，再创佳绩。值得注意的是，高铁依旧是暑运的主力，肩负暑运“主战场”的艰巨任务，实现了从“迈出关键一步”到“持续领跑世界”的关键一步。

2018 年暑运，全国铁路日均开行旅客列车 7803 列，日均开行动车组列车 5364 列，其中长编组“复兴号”高铁首次投入暑运当中。广大旅客进入“复兴号”高铁车厢内部更是被舒适的环境、耐心细致周到的服务深深折服。“内外兼修”的形象让高铁赢得广大旅客的好评，良好的上座率就是对高铁最有力的佐证。

暑运期间，铁路企业积极落实客运提质计划，通过牵手腾讯、吉利控股集团、北汽集团等企业，实现高铁网和互联网深度融合，运用高科技手段不断便捷广大旅客的出行，

推出云闪付进站乘车、手机一键式订餐等一系列“互联网+”服务。从习近平主席两次点赞高铁到各国领导人乘坐高铁“有一种浪漫的感觉”，高铁在技术上的巨大优势可想而知，如今，高铁彻底改变了大众的出行方式。从“引进来”到“走出去”，高铁数年间已经华丽转身。目前，我国高铁技术已经相当成熟，总体技术已经进入世界先进行列。匠心营造口碑，实力铸就辉煌。

作为大型服务型国企，铁路企业时时刻刻心系人民，本着“人民铁路为人民服务”的宗旨，聚焦交通强国的新征程，高铁肩负时代使命——引领时代发展。2018 年暑运，全国动车组客流增长迅速，其中动车组发送旅客 3.93 亿人次，京沪高铁日均发送旅客 60.1 万人次，京广高铁日均发送旅客 72 万人次，哈大高铁日均发送旅客 20.9 万人次……高铁可谓不辱使命，为交通强国的历史使命增光添彩。

乘风破浪会有时，直挂云帆济沧海。新时代，新气象，新担当，新作为。高铁将继续发挥自身作用，为铁路运输再立新功，希望高铁能够捷报频传，带给我们更多惊喜。

（资料来源：丁丁，2018．高铁 C 位出道，助力暑运完美收官[EB/OL].（2018-09-05）[2019-05-11]. http://news.gaotie.cn/tielu/2018-09-05/474638.html.）

分析：

1．中国高铁是怎样在暑运中维护外部公共关系的？

2．高铁客运是怎样协调旅客关系的？

第8章 高铁客运公共关系形象塑造

学习目标

1．掌握组织形象的内涵与意义。
2．了解高铁客运组织形象的定位与设计。
3．了解高铁客运组织形象的塑造。
4．了解高铁客运组织形象的巩固。

铁路作为国民经济大动脉、国家重要基础设施和大众化交通工具，在我国经济社会发展中的地位和作用至关重要。高铁作为一种新型的交通方式，其运输能力强、安全舒适、快捷准时、能源消耗低、污染轻，已成为人们出行的首选。如今，运输服务业竞争激烈，为了突显各自的优势，高铁客运组织也在积极运作，大力打造品牌形象，提升服务质量。

8.1 高铁客运组织形象概述

近年来，随着铁路改革步伐的加快，我国高铁迅猛发展。自主研发设计的高铁，最高时速可达 380 千米（最高试验时速 486 千米），不管是东北-40℃的低温，还是西北超过八级的风力，高铁都非常平稳安全地通过了测试，彰显了中国高铁的实力。

8.1.1　组织形象的内涵

组织形象，就是社会公众对一个组织综合认识后形成的总印象和相关评价，是社会公众对一个组织的完整信念。组织形象的内容很多，包括组织精神、价值观念、行为规范、道德准则、经营作风、管理水平、人才实力、经济效益、福利待遇等。组织形象是这些要素的综合反映。

组织形象可分为有形形象和无形形象。

1）有形形象是通过人们的感觉器官能够直接感到的组织实体的形象。它一般由三个方面组成，即品牌形象、人物形象和环境形象。例如，高铁站内的所有客运设施设备、各岗位员工的服饰仪表、高铁客运员工的服务用语及精神面貌等。

2）无形形象是通过公众的抽象思维和逻辑思维形成的观念形象。这些形象虽然看不见，但更接近企业形象的本质，是企业形象的最高层次。实体形象包括市场形象、技术形象、社会形象等，它通过组织的经营作风、经营成果、经济效益和社会贡献等形象因素体现出来。

组织形象要通过公共关系活动来建立和调整，而组织形象会直接影响组织目标的实现。所以，高铁客运组织须将塑造企业形象作为首要工作。

8.1.2　塑造高铁客运组织公共关系形象的意义

塑造高铁客运组织公共关系形象具有重大意义，体现在以下两个方面：第一，组织形象具有价值效应，对于现代企业组织而言，形象是一种极其重要的“无形资产”，它和“有形资产”一样具有资产增值效能。第二，组织形象具有市场竞争力，企业竞争的综合力由商品力、销售力、形象力组成。如果说现代生产力要素中的人力、财力、物力、管理、信息等资源形成了企业商品力和销售力的话，那么形象力则由以上各个要素整合并通过形象塑造，追求和树立一种新的竞争力。

市场经济的基本特征是竞争，竞争的最高层次就是组织形象的竞争。谁拥有了良好的组织形象，谁就能赢得公众的支持而拥有市场，并获得源源不断的利润，而且能使产品和组织在激烈的市场竞争中立于不败之地。

高铁客运组织作为一个与公众息息相关的部门，必须高度重视公共形象，这对企业自身运作发展和后期建设具有重要的现实意义。

小资料 8–1

美团《2019 国庆旅游消费趋势报告》：高铁带热中短途国内游

《2019 国庆旅游消费趋势报告》显示，随着高铁线路的增加，国内高铁网络日益完善，更多消费者愿意选择经济、舒适的高铁方式出行，高铁中短途国内游和周边游线路持续走热。数据显示，高铁短途游约占高铁出行总量的九成，特别是家庭出游和带老人出行的订单量增速均超过 110%。

报告显示，成都和武汉成为国庆期间最受欢迎的高铁出行目的地，其次是郑州、广州、重庆、南京、上海、杭州和西安。

报告还显示，京津城际高铁在国庆期间订单爆满，新开通的兰新高铁、西成高铁、合福高铁、沪昆高铁等订单量涨幅较大。从年龄层来看，40～49 岁人群的订单量较 2018 年增幅超过 70%，明显高于其他年龄段。

与此同时，许多游客选择“与国同庆”，遵义、绵阳、南充等红色旅游目的地的高铁订单量涨幅明显。遵义订单量的快速增长得益于 2018 年渝贵高铁的开通，遵义不仅成为全国高铁票订单量增速最快的目的地，也是增速最快的客源地。

（资料来源：秦小童，2019. 美团《2019 国庆旅游消费趋势报告》：高铁带热中短途国内游[EB/OL].（2019-09-25）[2019-10-15]. http://www.sohu.com/a/343099846_100114624.）

小资料 8–2

“高铁外交”——李克强邀请中东欧 16 国领导人共乘高铁

这应该是李克强总理为中国高铁做的性价比最高的一次“代言”了，一趟高铁，中国总理邀请中东欧 16 国领导人一起乘坐从苏州开往上海的高铁列车！此前一天，他以“高速列车”妙喻 16+1 合作，并向来苏州参加第四次中国–中东欧国家领导人会晤的客人们发出邀请：共同乘坐“既舒适又安全”的中国高铁。飞驰的动车组因此迎来了最密集的“高端乘客”。

作为国民眼中的“高铁代言人”，李克强走到哪里，“超级推销”的旋风就刮到哪里。此次 16+1 来到中国主场，当然更要让合作伙伴们好好感受已在国际上享有盛誉的中国高铁。当高铁列车抵达上海虹桥站后，李克强总理在站台上，与中东欧 16 国领导人合影并一一握手道别。这 91 千米的高铁线路，见证了这场别开生面的“高铁外交”。

事后，有一位记者问李克强总理："为什么一定要把高铁往外推销呢？"。

"因为它代表着中国装备技术的综合水平。"李克强总理这样回答。

纵观全局，有着国家领导人对中国铁路的高规格代言，此时，便是树立中国高铁客运形象最佳的时期。

（资料来源：朱英，2015. "高铁外交"——李克强邀请中东欧 16 国领导人共乘高铁[EB/OL].（2015-11-25）[2019-06-14]. http://www.gov.cn/guowuyuan/2015-11/25/content_2972187.htm.）

8.2 高铁客运组织形象的定位与设计

从设计方面来说，任何品牌都是从小发展到大，通常会通过 logo 设计、宣传语、海报、广告等形式进行宣传。在塑造品牌的过程中，公共形象需要依照战略规划，突出核心价值和定位，有时还要有延展性。

高铁客运组织要将品牌形象建立在消费者的生活、娱乐、价值意义和未来追求上，让品牌长期去影响消费者的认知，让品牌与消费者产生情感联结，进而建立长期友好的关系，让他们清晰地意识并认同这种价值，使他们对其保持一定的忠诚度。

随着高铁站的快速建立，高铁列车的飞驰，如何将高铁客运工作做实做细、做成精品，向社会展示高铁时代铁路客运的全新水平？这就需要高铁客运组织形象塑造的目标要瞄准以下这些环节：①员工的职业形象和精神风貌，创新售票方式，车站的中转衔接服务，工作的便民利民性等；②在制订高铁列车开行方案和提升车上服务等关键环节，引进以人为本、创世界一流的理念；③通过客流分析，准确掌握其分布规律，合理组织高铁运输，实现铁路运输功能与服务效益最大化；④细分旅客需求，满足差异化服务需求，实现车站与列车服务的有机衔接；⑤加强员工的业务技能培训，提升爱岗敬业的能力，培养集体荣誉感，使之为旅客提供最优质的服务。

未来，会有更多的城市出现空铁联运，实现大型机场与高铁的无缝中转，高速铁路网主要服务于国内或国际短途旅客运输，而枢纽机场的航空运输则侧重于国际运输和国内长途运输，从而发挥"双高"的速度优势，拓展航空运输和铁路运输各自的辐射圈。目前，开通空铁联运方式的有德国法兰克福机场、英国希斯罗机场和我国的上海虹桥国际机场等。

8.2.1 高铁客运组织形象的定位

组织形象定位是组织在社会公众中确定自身形象特定位置的环节，这个特定位置通常是特定组织与同类组织相比较而确定的。因此，组织形象定位是根据组织自身的特点、同类组织的情况和目标公众的情况三个要素来实施。

组织形象定位是公共关系实务或者公共关系策划的重要内容之一。若一个组织没有统一的组织形象，就无法开发形象资源。准确的组织形象定位，能为组织的成功奠定基础。

1. 组织形象定位三要素

（1）主体个性

主体是指组织主体，个性包括品质个性、价值个性两个方面。组织形象定位必须是组织所具有的个性，不能夸张，也不能捏造，否则会被公众遗弃。组织形象定位不是空泛的，也不是随心所欲的，而是实实在在以自身品质、价值方式为基础和保障的。

（2）传达方式

传达方式是指把主体个性信息有效准确地传递到公众方面的渠道和措施。传达方式有营销方式和广告、公关等。

（3）公众认识

主体个性确定以后，使用有效的传达方式之后，形象定位完成的标志是公众认知。

2. 组织形象定位的方法

（1）个性张扬的定位方法

个性张扬的定位方法主要指充分表现组织独特的信仰、精神、目标与价值观等，它不易被人模仿，是自我个性的具体表现。因此，组织形象定位时，一定要注意把这种具有个性特征的企业哲学思想表现出来。

（2）优势表现的定位方法

公众对组织形象的认识，实质上是对其优势个性形象的认识。组织给予公众这种优势形象的定位，以赢得公众的好感与信赖。因为公众会不同程度地得益于这种形象定位。当然，组织也同样因这种定位而获得更高的经济效益与社会效益。不同特色的组织有不同特色的优势，只要抓住其优势特色进行定位，就可以很好地发挥作用。

（3）公众引导的定位方法

组织通过对公众在感性上、理性上、感性与理性相结合上的引导来树立组织形象。感性引导定位方法主要是指组织对其公众采取情感性的引导方法，向公众诉之以情，以求消费者能够和组织在情感上产生共鸣，进而获得理性上的共识。例如，苹果公司的品牌标识——咬了一口的苹果，它让公众清楚地知道公司仍然存在不足，并非完美，但他们会不断努力。这种理性的引导公众的定位更有利于培养公众对组织的信任。

（4）形象层次的定位方法

形象层次的定位方法是根据组织形象表现为表层形象与深层形象来进行定位的。表层形象定位是指构成组织形象外部直观部分的直接定位。例如，“可口可乐”那鲜红底色上潇洒动感的白色标准字体现了“世界第一可乐饮料”的大家风范。深层形象定位主要是根据组织内部的信仰、精神、价值观等企业哲学本质来进行定位的。

（5）对象分类的定位方法

对象分类的定位方法主要是针对内部形象定位和外部形象定位而言的。内部形象定位主要是指企业家、管理人员、科技人员及全体员工的管理水平、管理风格的定位。外部形象定位是指组织外部的经营决策、经营战略策略、经营方式与方法等方面的特点与风格的定位。

高铁客运组织应综合考虑各方面的因素来进行形象定位。高铁客运组织自身的特点有：运输能力大；运行速度快；运输成本低；运输连续性强；能耗低；通用性好；机动性差；投资大，建设周期长；占地面积少；受自然环境影响小；连续性好。从现阶段来看，高铁客运组织的同类组织主要有铁路客运组织、公路客运组织和航空客运组织，除了传统铁路客运组织目前发展速度减缓外，公路客运组织和航空客运组织的发展与高铁客运组织齐头并进。高铁客运组织的目标公众应包括上级主管机构、政府机关、旅客、员工、供应商、新闻媒介等。因此，在确定高铁客运形象定位时，需通过环境变化的要求，考虑本组织的实力和竞争对手的实力，选择自己的经营目标及领域、经营理念，为自己设计出一个理想的、独具个性的形象定位，扬长避短，突出自身长处，不仅要彰显高铁客运组织的中国速度，还要体现出中国的创新科技，给公众留下清晰、深刻的印象。

小资料 8-3

定 位 理 论

定位理论最早出现于 20 世纪 60 年代末美国广告界的一些文章里，于 1972 年在美国《广告年代》期刊上正式出现。当时强调通过广告攻心，将产品定位在顾客的心中潜移默化，而不改变产品本身。到 20 世纪 80 年代，美国著名营销专家菲利普·科特勒开始把定位理论系统化、规范化。他指出，定位就是树立企业形象，设计有价值的产品和行为，以便使细分市场的顾客了解和理解企业与竞争者的差异。可见，要想企业在公众心目中留下清晰、深刻的印象，就必须有准确的形象定位。

为何要给组织形象定位呢？其原因就在于，现代社会中多数企业为了塑造自身的形象，大多采用了公共关系、广告等宣传手段。只有明确独特的组织形象定位，才能使组织形象深入人心，让它在顾客心目中扎下根，否则组织形象根本不可能产生。

（资料来源：周朝霞，2014. 公共关系实务[M]. 2 版. 北京：北京邮电大学出版社.）

8.2.2　高铁客运组织形象的设计

在经济全球化的今天，市场经济日益成熟，市场的产品、服务差异日益缩小，组织间的竞争已经发展到了组织形象的竞争。如何树立个性化的组织形象，已成为现代组织中的重要课题。

对于高铁客运组织形象设计，必须先从它的内在基础开始，这是组织形象有所区别的根本，其中主要包括组织事业领域的确定、组织目标原则的确定和组织理念的确定三个方面。

1. 组织事业领域的确定

生产领域是组织生存的基础，事业领域是组织面向未来的总体方面，是组织发展的长远打算。事业领域的内容包括四个方面：组织历来的“业务”是什么？组织的总目标是什么？组织在未来该如何？组织怎样才能在不断变化的环境中稳步发展？一般而言，对组织事业领域的表达，包括核心产品或服务、基本市场、主要技术、组织性质四个要素。由此，才能为组织的发展确定一个基础范围。

2. 组织目标原则的确定

1）一致性原则。

2）可行性原则。

3）可衡量性目标。

4）优先性原则。

3. 组织理念的确定

在组织形象的内在基础上，组织理念是十分重要的。组织理念特指带有个性的组织经营活动的思想或观念。组织理念是组织生命力和创造力的综合的整体反映，是一切组织形象的出发点和归宿点。

组织形象的设计除了注重内在基础的建立之外，还需要与外在条件相配合，这样才能使组织形象在市场竞争中保持优胜的状态。组织形象的外在条件可分为市场环境中的条件和未来发展中的条件。

1）市场环境中的条件。社会进入高度成熟的消费时代后，公众需求的不只是量的满足、质的追求，他们更强调“感性”的需要。也就是说，消费者要求有一种被关心、被理解、被个性化服务的感觉。面对“挑剔”的消费者，组织只有通过实施具有个性化的形象战略，赋予组织独特的魅力，才能接受消费者的挑战。

2）未来发展中的条件。在进行组织形象设计时，不仅要考虑现在的定位，而且要考虑如何在公众心目中立于不败之地，如何继续发展组织形象的问题。注意组织形象的统一性和动态性，这对组织形象在未来的发展中起着重要的作用。

此外，组织形象设计还必须遵循“有效性”的原则。因此，在形象设计时要注意以下几点：①公众利益与组织利益的统一。②总体形象与特殊形象的统一。③期望值与实际能力的统一。

8.3 高铁客运组织形象的塑造

如今，中国高铁迅猛发展，已经建成“四纵四横”运营网络，发展改革委 2016 年印发的《中长期铁路网规划》中规划的“八纵八横”也在逐步完善。高铁客运组织以高铁便利、高效、安全三大特点，加之不断提升服务水平，成功塑造出了良好的组织形象，让出行的旅客把高铁作为他们的首选。

8.3.1　高铁客运组织形象的建立

要想打造一流高铁客运品牌，快速提升高铁客运管理水平，全面塑造铁路客运工作新形象，就要将高铁客运工作做实做细、做成精品，向社会展示高铁时代铁路客运的全新水平。

小资料 8-4

大连客运段倾力打造高铁列车品牌

大连客运段有一个“共产党员号”争创集体，在工作中他们打造了特有的 15 分钟微课堂。这 15 分钟分别是：以《党章》等党史知识为内容的 3 分钟党课，以乘务人员身边实际事例为案例分享服务心得体会的 3 分钟演讲，以《道路旅客运输及客运站管理规定》《动车组铁路旅客服务规范》等为内容的 3 分钟抽考，以动车组列车常用英语为内容的 3 分钟英语学习和口语对话练习，以走、坐、立、手势、表情等基本行为为内容的 3 分钟礼仪训练，形成了独具特色、紧密结合实际的出乘学习会。这不仅丰富了学习内容，而且对业务知识进行了多角度、多方位的学习，还提高了全员的学习兴趣，营造了比、学、赶、帮、带的浓厚学习氛围，效果显著。邀请专业礼仪教师，从举止礼仪、表情礼仪、交谈礼仪、日常生活礼仪、社交礼仪等方面进行开展专业化培训，每名乘务员通过参与实际演练，模拟设定车内情景，提升作业标准。

为了深化服务内涵，还针对患病旅客、儿童、孕妇、残疾人旅客、外籍旅客等重点旅客的不同特点，制作了爱心服务名片。爱心服务名片，满足了不同旅客的需求，体现了服务的多样化，受到旅客的一致好评。

（资料来源：贾铁生，2017. 大连客运段倾力打造高铁列车品牌[EB/OL].（2017-06-16）[2019-05-16]. http://dl.cnr.cn/dlzw/20170616/t20170616_523804915.shtml.）

高铁客运组织形象的建立经过以下三个阶段。

（1）规划阶段

一个好的规划，等于完成了一半的品牌建设；而一个坏的规划，则会毁掉一切。做规划时要根据自身情况来制定目标，然后制定实现目标的措施；要对自身进行诊断，找出其中的问题，总结优势和劣势。这是建设的前期阶段，也是品牌建设的第一步。

（2）建设阶段

建设阶段最重要的一点，就是确立品牌的价值观：首先是为消费者创造价值，其次是为自身创造利益。

（3）形成阶段

高铁客运组织要根据市场和自身发展的变化，对其形象进行自我维护和提升，使之达到一个新的高度，从而产生品牌影响力，直到能够进行品牌授权，真正形成一种资产。这三个阶段都不是靠投机和侥幸获得的，也不是一蹴而就的。

高铁，改变的不仅是速度，还改变了人们的时间观念，也拉近了空间距离。若要建立有效的组织形象，还取决于以下三个方面的协调与平衡：①组织利益与公众利益的协调与平衡。②总体形象与特定形象的协调与平衡。③知名度与美誉度的协调与平衡。

小资料 8-5

高标准 树形象 打造高铁服务品牌

西安铁路局西安客运段动车车队，认真学习党的十八大和十八届三中全会精神，紧密结合陕西地域文化特色，按照西安铁路局“严、实、细、和、创”的总体要求，牢固树立“用心服务、和谐相伴”的服务理念，规范高铁安全管理，创新服务方式方法，努力把高铁打造成为“陕西的名片、时代的先锋”，实现了“安全基础稳、服务方式新、队伍素质高、日常管理细、社会声誉好”的目标，受到社会各界的好评。针对动车服务标准高、要求严的特点，树立“细节决定成败、用心才能做好”的工作理念，倡导“礼仪式服务、引导式服务、提醒式服务、无干扰服务、增值延伸服务”的工作方式，明确了让旅客“享受服务，快乐旅行”的服务目标；确立了“活力、热情、务实、创新”的团队形象要求，形成了一套具有西安铁路局特色的高铁文化。他们将从高铁管理、人员培训、服务质量等方面做好准备，打牢管理基础，提升服务质量，打造全国叫得响的“长安之星”高铁服务品牌，向全省人民交出一份满意的答卷。

（资料来源：郭玉军，柳江河，2014-05-08. 高标准树形象 打造高铁服务品牌[N]. 陕西工人报，2.）

8.3.2 高铁客运组织形象的推广

任何组织形象的推广都必须经过周密的策划，拟订详尽的推广计划，通过对内宣传和对外推广，使崭新的组织形象能够尽快得到社会公众的认同，完成组织形象建立的目的。

1. 组织形象对内宣传

组织形象对内宣传是组织形象推广的第一步。这是因为组织形象的建立是靠全体员工共同努力得到的。内部员工不仅是组织形象的传播者，也是组织形象的缔造者，他们的言行和组织的态度直接影响组织的形象。

对内宣传主要是向员工传递两个最关键的信息：一是组织的前景如何；二是组织目前的处境及员工应采取何种行动。

2. 组织形象对外推广

组织形象建立的总目的就是通过周密、系统的策划，从复杂的内外关系中整理出秩序，从而建立一个统一独特的组织形象。因此，在对外推广组织形象时，必须针对组织不同的关系对象，选择与之相适应的传播媒体和手段。

（1）人际传播

人际传播是指人与人、人与群体之间的直接传播。人际传播是人类社会进行交流和传播信息的一种最普遍、最常用、最直接的传播方式。它对于组织形象的推广，特别是组织美誉度、和谐度的建立具有极大的作用。

1）美誉度的建立。美誉度是指一个组织获得公众信任、好感、接纳和欢迎的程度，是评价组织声誉的社会指标，侧重于“质”的评价，即公众对组织的信任和赞美程度。要想提高美誉度，就要提高知名度。知名度是指一个组织被公众知晓、了解的程度，是评价组织名气大小的客观尺度，侧重于“量”的评价，即组织对社会公众影响的广度和深度。一个组织的知名度高，其美誉度不一定高；知名度低，其美誉度不一定低。因此，一个组织要想树立良好形象，就必须同时把提高知名度和美誉度作为追求的目标。

由于公众认为大量广告是虚假广告，不符合实际，消费者判断组织形象时，只有亲自使用产品、享受服务才能做出判断。

调查数据显示，公众对其他使用者介绍的产品品牌质量、性能、文化特性的相信度，是广告宣传的 18 倍。口碑传播正在成为影响现在或潜在顾客做出购买决策的重要信息来源之一。有关研究发现，每位非常满意的旅客会将其满意的原因告诉至少 12 人，而这 12 人中又会有 10 人左右在产生相同需求时光顾该顾客推荐的企业。显然，口碑传播具有较高的说服力。

因此，组织形象中所包含的美誉度要素，主要靠人际传播取得。人际传播在传播组织形象美誉度的同时，也逐渐积累提高组织形象的认知度。作为大众传播的补充，人际传播在组织形象的二级传播和多级传播中是必不可少的。有时公众通过二级传播（人际传播）所获得的组织形象认知度，甚至超过一级传播（媒体传播）。

2）和谐度的建立。人际传播有助于增加公众对组织的和谐度，其和谐度表现在对其品牌的忠诚度上。顾客对某品牌评价越高、产品越优异，推动传播的力量就越大。因此，企业必须首先创造质量优异的产品，创造超越他人的产品特色，获得顾客的高度品牌忠诚，才能推动持久的多级传播，逐渐增大美誉传播。

（2）大众传播

大众传播是通过一定的传播媒介，向公众进行组织形象的宣传。它具有如下特征：一是由报纸、杂志、广播、电视进行的间接传播；二是受众多、范围广；三是传播速度快；四是无直接反馈。在现代社会，对于组织形象的推广，大众传播是最快捷、最有利的手段。大众传播对组织形象推广主要有两种方式：广告和形象推广活动。

1）广告。广告是完全由组织控制的对形象宣传最直接、最有效的方法。大规模的广告战，大大缩短了组织形象推广的周期。现代高度发达的传播媒体为品牌传播提供了超越时空的能量，显示了人际传播所无法与之比拟的巨大威力。

高铁客运组织要利用广告创造组织形象，就必须深入研究各种媒体的特点，进行周密精心的策划。企业应积极利用广告传播来推广、宣传企业产品和企业形象，让组织形象深入人心。

2）形象推广活动。形象推广活动是由组织向各种传媒提供真实的信息以宣传组织的一种方式。它通过庆典活动（开业剪彩、周年纪念、庆功表彰、赞助活动、举办文化体育竞赛评选活动、企业开放日、名人示范、新闻发布会等）、社区活动、促销活动（展览会、订货会、贸易洽谈会、技术交流会、研讨会等），有效提高组织的认知度、美誉度。

形象推广活动是一种低投入、高产出的传播方式。它被有识之士认为是省钱的广告宣传方式，可以巧妙地传播企业和产品、品牌。近几年，企业对形象推广活动予以高度重视，利用大量形象推广手段塑造企业和品牌形象，提升认知度、美誉度、和谐度。

例如，西安高铁打造的“高铁+旅游”模式：旅客在 2018 年 3 月底前，可持高铁车票在西安 26 家景区（大唐芙蓉园、曲江寒窑遗址公园、西安城墙、广仁寺、半坡博物馆等）享受半价游西安折扣优惠。

另外，铁路部门还开展了“铁路客运服务质量年”活动，让列车运行、餐饮服务、商品供应、囤票倒票、厕所革命、智能服务、服务意识、服务技能等方面问题得到很大改观。

8.4 高铁客运组织形象的巩固

进行形象巩固是必要的。各行业之间的形象竞争非常激烈，每一个行业都必须不断巩固和加强自身的形象，这样才能保持原有的形象地位，否则将会落后。组织形象的巩固需要不断推陈出新，还要有高姿态的传播方式，这些是基本前提和必要保障。

组织形象还要时常更新，其相关内容有组织理念、领导者观念、员工素质和质量水准。组织理念要随着发展进步而不断地加以调整和修正，以创造出最能体现自身精神和价值观、最终目标、组织观念等。

想要巩固自身形象，还需要先进技术的支撑。在互联网时代，先借助平台去整合资源，然后促使客运资源从碎片化、孤岛化向集约化、连锁化发展，最后依靠精准有效而无微不至的服务，保证“走得了”和“走得好”之间实现精准对接。

互联网时代的服务改革绝不是轻轻松松、敲锣打鼓就能实现的。高铁客运组织要多

考虑如何提升服务质量，让旅客能够更加舒适顺畅，这是铁路改革的重点。这意味着铁路部门的工作必须从严从细，关注旅客的多元需求，真正想旅客之所想、急旅客之所急，把各种服务做到前面，帮助旅客解决实际问题。换句话说，要顺应市场需求，加大精准服务投入，在增量市场竞争中占据有利地位。

这是一个变革的时代。在公路、航空竞争激烈的状况下，高铁客运组织唯有依靠“互联网+优质服务”才能取得更大突破，既要经营好“最初一公里”的优势，也要打通“最后一公里”的短板。改革就是推陈出新，就是要趟一条新路子。例如，退改签是否还有优化的空间，如何有效控制技术黄牛和抢票软件带来的不公平竞争，如何解决“进站前和出站后”的服务延伸问题等。要解决这些现实问题，就要有服务的前瞻性，打破一些旧的不合理的规定，打造新的服务理念；带着问题意识去服务，追根溯源，有针对性地解决重点难点问题。

中国铁路从时速 40 千米到 350 千米，从绿皮车到“复兴号“，经过了 40 年的经营，终于跑出了让世界瞩目的“中国速度”，“复兴号“更被称为“贴地飞行”。截至 2020 年年底，高速铁路营业里程达 3.79 万千米，居世界第一位。

“中国速度”带来的不只是便捷，还有生活品质的提升。从深夜排队买票，到动动手指买票；从盒饭、方便面到高铁订餐。绿皮车长途出行的煎熬已渐成回忆，干净舒适的环境让“出行”真正变成“旅行”。40 年的追赶，是几代“铁路人”的无私奉献和用青春汗水奏响今日的强国之音。

近年来，世界高速铁路不断发展。德国、日本等发达国家都在致力于推进本国高铁建设运营和技术创新。在这样的新形势下，中国的高速铁路也进入快速发展期。中国铁路的发展速度代表中国经济的发展速度，中国铁路辉煌的背后是国家实力的强大。高速铁路作为“新四大发明”之一，以及中国制造业中最具创新活力、达到世界先进水平的产业之一，让国人倍感自豪。

小资料 8-6

中国标准动车组命名：“复兴号”来了

2017 年 6 月 25 日，中国标准动车组有了一个响亮的名号——“复兴号”动车组。中国铁路总公司推出了“复兴号品牌战略”：规范全国铁路“复兴号”动车组服务标识、广播、宣传品、验票等服务标准，细化完善服务流程，“复兴号”列车 Wi-Fi 助推高铁网、互联网“双网融合”，让旅客出行更加便利；另外，还增加了重要旅客服务、双语广播服务、提供常用旅行用品等一系列服务新举措。随着这些规定的深入实施，高铁客运品牌形象更加出众，市场效应也更加凸显。

“复兴号”是中国铁路总公司组织国内企业、高校和科研机构，按照时速 350 千米运营研发制造的中国标准动车组，集成了大量现代高新技术，其安全、经济、舒适及节能环保等性能有较大提升。

建立了智能化感知系统。采集各种车辆状态信息 1500 余项，全面监测列车运行状况，实时感知列车状态，包括安全性能、环境信息（如温度）等，并记录各部件运用工况，为全方位、多维度故障诊断、维修提供支持。当列车出现异常时，可自动报警或预警，并能根据安全策略自动采取限速或停车措施。此外，还采用远程数据传输，可在地面实时获取车辆状态信息，提升地面同步监测、远程维护能力。

“复兴号”构建了体系完整、结构合理、先进科学的技术标准体系，涵盖了动车组基础通用、车体、走行装置、司机室布置及设备、牵引电气、制动及供风、列车网络标准、运用维修等10多个方面，达到国际先进水平。大量采用中国国家标准、行业标准、中国铁路总公司企业标准等技术标准，同时采用了一批国际标准和国外先进标准，具有良好的兼容性能，在254项重要标准中，中国标准占84%。中国标准动车组整体设计及车体、转向架、牵引、制动、网络等关键技术都是自主研发，具有完全自主知识产权。

优化旅客界面。车厢内实现了Wi-Fi网络全覆盖，设置不间断的客用220伏电源插座；空调系统充分考虑减小车外压力波的影响，通过隧道或两车交会时，减小耳部的不适感；列车还设有多种照明控制模式，可根据旅客需求提供不同的光线环境。采取减振降噪措施、改进洗漱设施、设置无障碍设施等，为旅客提供良好的乘坐体验。

“复兴号”设置智能化感知系统，建立强大的安全监测系统，全车部署了2500余项监测点，比以往监测点最多的车型还多出约500个，能够对走行部状态、轴承温度、冷却系统温度、制动系统状态、客室环境等进行全方位实时监测，采集各种车辆状态信息1500余项，为全方位、多维度故障诊断、维修提供支持。当列车出现异常时，可自动报警或预警，并能根据安全策略自动采取限速或停车措施。在车头部和车厢连接处，还增设碰撞吸能装置，在低速运行中出现意外碰撞时，可通过装置变形，提高动车组被动防护能力。

（资料来源：攀曦，丁静，2017. 中国标准动车组命名：“复兴号”来了[EB/OL].（2017-06-25）[2019-06-11]. http://www.xinhuanet.com//fortune/2017-06/25/c_1121206036.htm.）

巩固与应用

一、思考题

1. 高铁客运组织形象定位应考虑哪几个方面？
2. 如何设计高铁客运组织的形象？
3. 如何进行高铁客运组织形象的塑造？
4. 如何巩固高铁客运组织的形象？

二、案例分析题

1）世界等级最高的高铁——京沪高铁。2011年6月，京沪高铁建成投产，这是世界上一次建成线路最长、标准最高的高速铁路。它贯穿北京、天津、河北、山东、安徽、江苏、上海7省（直辖市），连接环渤海和长三角两大经济区，全长1318千米。

2）世界首条新建高寒高铁——哈大高铁。2012年12月1日，中国首条也是世界第

一条新建高寒地区长大高速铁路哈尔滨——大连高铁投入运营。哈大高铁营业里程 921 千米，设计时速 350 千米，纵贯辽宁、吉林、黑龙江 3 省，全线设 23 个车站。根据近 30 年的气象记录，东北三省全年温差达到 80℃，是中国最为寒冷、温差最大的地区。

3）世界单条运营里程最长高铁——京广高铁。2012 年 12 月 26 日，全球运营里程最长的高速铁路——京广高铁全线开通运营。全长 2298 千米的京广高铁，是我国中长期铁路网规划中“四纵四横”高速铁路的重要“一纵”，北起北京，经石家庄、郑州、武汉、长沙等地，南至广州，全线设计时速 350 千米，初期运营时速 300 千米。

4）世界上一次性建成里程最长的高铁——兰新高铁。2014 年 12 月 26 日，兰新高铁全线贯通。全长 1776 千米的兰新铁路是世界上一次性建成通车里程最长的高铁。除此之外，它还享有不少“第一”：一是它途经烟墩、百里、三十里及大阪城等四大风区，同时沿线有塔克拉玛干、古尔班通固特等几处沙漠，是首条穿越沙漠大风区的高铁；二是横穿我国海拔最低的吐鲁番盆地和海拔最高的祁连山高铁隧道，16.3 千米的祁连山隧道中的最高轨面海拔为 3607.4 米，被誉为“世界高铁第一高隧”。

（资料来源：樊曦，齐中熙，刘诗平，2015. 中国高铁十宗“最”：盘点中国高铁创造了哪些“世界第一”？[EB/OL]. (2015-01-26) [2019-10-11]. https://www.guancha.cn/Industry/2015_01_26_307551.shtml.）

分析：

1．以上高铁形象分别利用了哪些特点来进行塑造？

2．如何巩固中国高铁在全世界的形象？

第9章

高铁客运公共关系专题活动

学习目标

1. 了解高铁赞助活动的目的和类型。
2. 掌握高铁赞助活动的开展方法和注意事项。
3. 掌握高铁宣传活动工作的筹划步骤。
4. 了解高铁宣传活动效果检测方法。
5. 了解举办展览会的意义和展览会的类型。
6. 掌握举办展览会的方法。
7. 掌握开放参观活动的步骤。

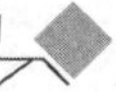

公共关系专题活动，又称为特别活动或特殊事件，是社会组织为了提高自身的社会形象围绕某一特定主题所进行的专题性传播活动。一般而言，公共关系专题活动包括公关赞助、策划新闻、公益活动、展览会、民意测验、参观活动、颁奖、演讲等各种专题活动。

公共关系专题活动对于改善高铁客运的公共关系状态有着重要意义。一项好的高铁客运公共关系专题活动可以帮助组织与广大公众开展良好沟通、扩大社会影响、提高社会美誉、树立品牌形象等，使组织形象得到意想不到的飞跃，它也是树立组织良好形象的有力驱动器。

小资料 9-1

外国媒体评论中国高铁：中国已掌握赶超世界的钥匙

目前，在世界上拥有高铁技术的国家以西方国家发展最早，如法国 TGV、德国 ICE、西班牙 AVE 子弹火车、英国“欧洲之星”高速火车、意大利高速铁路、日本的新干线等。高铁技术原创者是日本、德国、法国及加拿大，但是经过我国科研人员的创新，中国高铁技术最全、公里数最远、速度最快、规模最大。

美国报纸曾经评论道：中国高铁堪比美国的“阿波罗计划”，是“面向未来”的高铁列车，这无疑会使中国人更加自信地面对世界。英国《每日电讯报》称：那些曾得益于大规模修建铁路和公路而领先世界的西方国家，现在正在被中国一步步赶超，中国人更加乐于基础建设，他们似乎找到了追赶我们的方式。在中国几乎每天都可以见证奇迹，这相当可怕。《爱尔兰时报》记者描述中国的京沪高铁：在很久以前，中国人从他们的京城北京去上海最少需要 21 天，但是现在坐高铁只需要 4 小时 48 分，一路上你见证的不仅是高铁的快速，还有中国经济的飞速发展，想想这是什么劲头。可以说中国高铁技术的成熟已经成为中国发展的又一个缩影。世界上没有一个国家能反驳。可怕的是，中国人已经握紧了这把钥匙。美国《外交家》报纸曾经嘲笑英国高速铁路工程道：中国人在基础建设上总是不留余力，特别是中国人秉承“要想富先修路”的理念，目前看来非常成功，再看英国呢，他们正在讨论英国当局是否应该投资 530 亿美元修建伦敦到英国第二大城市伯明翰的高速铁路，由此可见中英两国在这一项目及基础设施工程上的态度对比如此鲜明。美国《华尔街日报》曾经报道称：中国基础建设的发展是世界上任何一个国家不可比的，你能想象得到吗？在 40 年前，中国还是以蒸汽机车来输送人员。但是现在，在发展快速列车方面，美国已经完全无法和中国相提并论。50 多年前美国正是靠修建公路让现代商业在全国变得更加可行，现在中国正在通过高铁技术让幅员辽阔的中国大地经济一体化而提升综合国力，并且中国的速度要快得多。

（资料来源：佚名，2017. 外国媒体评论中国高铁：中国已掌握赶超世界的钥匙[EB/OL].（2017-07-22）[2019-06-11]. https://www.sohu.com/a/153874176_401161.）

9.1 公共关系赞助活动

公共关系赞助活动是指社会组织通过不计报酬的方式，提供资金或者物质来支持某一项社会公益事业或公益活动，以此提高社会美誉、树立良好社会形象的公共关系专题活动。赞助活动也是一种最常见的专题活动，它既能为社会公益活动或事业提供有力的保障，又能为组织自身的发展提供有利的社会环境。

9.1.1 赞助活动的目的

1. 承担组织的社会责任和应尽义务

高铁客运组织通过赞助活动，可以表明其作为社会成员乐于为社会的进步和发展做出相应的贡献，愿意承担社会责任，尽到应尽的义务，进而在公众心目中树立起关心社会公益事业和社会整体进步的良好形象，并赢得政府、社区和公众的支持，为组织今后的生存和发展创造良好的社会环境，赢得社会公众的信任。

2. 培养公众感情

赞助社会公益活动或者公益事业，能够将组织与社会公众、社区民众、政府之间的关系连接起来，更有利于组织融入社会环境。此外，赞助活动需要无偿提供资金或物质，因此要求组织具备相应的经济实力。赞助活动能够更好地证明组织的经济实力，赢得社会公众的信任。

3. 扩大社会知名度

赞助活动往往能成为社会公众和新闻媒体关注的焦点，会让公众将组织和社会公益活动联系起来。组织可以借助活动赞助让社会公众在关注此项活动的同时，潜移默化地接受提供赞助的组织。因此，组织赞助社会公益事业，能够极大地提高组织的社会知名度和社会地位，并同时提高组织宣传的可信度。

4. 提高经济效益

组织开展赞助活动可以提高组织的知名度和影响力，加深与社会公众的感情，同时也必然会给作为消费者的社会公众留下深刻的印象，从而提高经济效益。

9.1.2　赞助活动的类型

1. 赞助文艺事业

文化艺术与社会联系紧密，与公众的生活息息相关。赞助文艺活动不仅可以培养与公众的良好感情，大大提高企业的知名度，而且可以推动文化艺术的发展。企业赞助文艺事业的常见方式有赞助广播、电影电视制作、艺术场馆建设、艺术品收藏、文化艺术创作、文艺活动表演、文化展览等。

按活动期限进行分类，主要有短期赞助和长期赞助两类。

1）短期赞助活动往往费用高但见效快，如单项文化娱乐、文学艺术活动等，这种赞助活动可以使组织在短期内达到提高社会效益的目的。

2）长期赞助活动可以同文化艺术团体建立长期的合作关系，可以以冠名的形式，也可以提供资金来培养文艺人才等。

2. 赞助教育事业

赞助教育事业已经成为组织进行公共关系专题活动的一项常见活动，尤其在国外发达国家，企业把赞助教育事业看作组织争取高层合作的重要途径。企业赞助教育事业的常见方法有赞助建校办学、开办教育讲座、设立奖学金、提供师资、修缮校舍场地、购买教育用品等，也可以通过自己办学的方式进行。此外，赞助专项经费或科研项目也是一种重要方法，不仅是推动科学研究的重要保障，而且为社会发展做出重要贡献。

3. 赞助公益事业

社会公益事业的范围涉及较广，凡是能够促进社会公益发展的，以社会公益为主的活动都属于公益事业活动范畴。社会公益活动属于非营利性活动，因此需要社会、企业和个人无偿地提供资金或物质推动其发展。赞助社会公益事业是组织应尽的社会责任，是促进组织与公众和谐发展的有效手段，比较常见的方式如下。

1）互助性公益活动，即通过义演、义卖、拍卖、募捐等方式帮助某些有困难的地区或个人。

2）服务性公益活动，即对社区或个人以某种形式提供无偿的服务，如在组织所在地为民众免费维修、义诊，给孤寡老人送温暖等。

3）娱乐性公益活动，即通过无偿提供娱乐场所、主办娱乐节目等为公众创造娱乐机会。

4）教育性公益活动，即开展相关教育活动使参加者受到教育、提高思想境界为主的活动，如组织参观烈士陵园、扫墓，举办英雄事迹汇报会等。

5）劳动性公益活动，即为特定的个人、社区或其他组织提供义务劳动，如义务打扫公共场所的环境卫生、交通执勤、举办讲座等。

4. 赞助体育事业

赞助体育事业的方式主要如下。

1）赞助运动队。组织可以为运动队提供训练费用、运动服装、运动用品等，条件是冠以组织的名字，运动队所到之处都能看到组织的名称，以此扩大组织的知名度。

2）自办运动队。相对于赞助运动队，自办运动队所需要的不仅是充足的经济实力，还需要人力，如相关的专业队员、教练和重视运动的领导等。

3）赞助或举办比赛。组织可以通过赞助或举办比赛，使社会公众通过新闻媒体能更快、更广泛地认识到组织，提高组织的知名度。新闻媒体的一大特点是传播速度快、范围广，因此赞助体育比赛，组织就能获得有利的广告位置，增加公众对组织的好感。

4）赞助体育新闻或体育教育。组织可以在报刊、新闻广播台专栏，赞助体育新闻评比，也可以为训练运动员的教育组织提供资金、设立奖学金等。

9.1.3 赞助活动的开展

1. 前期调研，明确目标

组织可以自行选择赞助对象，也可以按照被赞助者的要求来确定。调查研究的主要内容包括组织自身的公共关系情况、赞助活动的社会影响、被赞助者的公共关系情况、社会公众的意愿、组织的经济情况等。

2. 制订计划、审核评定

企业赞助活动的计划中应该包括：赞助的目标、对象、方式；赞助的费用预算；选择赞助的主题和最佳传播方式；赞助活动的具体执行方案等。此外，还需要经过不断审查评定，确保赞助活动的顺利开展。

3. 实施计划，争取效益

组织应该在实施计划阶段，派出专业的公共关系人员去执行、监督赞助方案。同时，应配合最佳的宣传方式，如利用新闻媒体传播手段强化赞助的影响力，促使赞助活动的效益达到最大值。

4. 评价效果，不断优化

组织还应该重视赞助活动实施后的评价，通常评价由组织内部的公共关系人员和专业的第三方公共关系机构共同完成。对评价的效果需要有信息反馈报告，这样才能将赞助活动的实际效果和实施计划前的目标进行对比，找出问题和不足，从而得到相应的补救措施和提高方法，为下一次赞助活动提供依据。

9.1.4　赞助活动的注意事项

赞助各项公益活动，在推广组织自身社会影响力的同时，也推进了社会公益事业的发展，这是一个有效的公共关系手段。任何组织，为了更成功地开展赞助活动都需要遵守一定的规则，进行赞助活动需要注意以下几点：首先，所赞助的项目应该符合本组织的需求和特点，需要制订一份切实可行的赞助活动的政策、方针和方案，防止盲目投资；其次，组织应该将赞助活动的方案公布于众，并厘清方案具体实施项目的轻重缓急，逐步实施；再次，组织应该随时注意公众的反应，做到灵活控制方案的实施；最后，组织应该对赞助活动进行科学的管理，使活动受到社会的认可。

小资料 9-2

这家轮胎公司成了高铁的“赞助商”

2017 年 5 月 23 日，“三角轮胎”高铁品牌专列首发仪式在上海虹桥站举行。

高铁媒体广告传播具有不可替代性、唯一性、封闭空间内强制阅读、深度传播等多种优势。据轮胎世界网，自 2017 年年初以来，“三角轮胎”开始利用高铁动车媒体优势，与高铁时代强势接轨。

春节期间，“三角轮胎”已在全国主要高铁干线，推出以“安全、舒适、节油”为主题的品牌广告。此次冠名高铁专列，使其进一步利用高铁传媒优势，进行深度传播。“三角轮胎”的品牌广告覆盖了头片、桌贴、海报、品牌天幕、车内/外门贴、桌板创意贴等显眼位置。该公司表示，这一次在京沪高铁、沪汉蓉高铁、哈大高铁、京广深高铁、沪昆高铁等全国核心高铁干线，形成了品牌形象和产品展示的高铁纵横交汇宣传网络。

“三角轮胎”拥有超过 40 年的历史，是中国轮胎的品牌标杆之一。2016 年 9 月，这家公司在上海证券交易所成功上市，实现了产业资本和金融资本的高度融合。从一个地方小拖拉机配套的轮胎企业，发展到全球轮胎前 15 强，其在运营与发展上连续稳定的业绩表现，受到普遍关注。该公司高管称，他们当前处于升级发展的重要时期，必须牢固树立品牌发展思路，让品牌深入人心。契合“八纵八横”的高铁布局，三角轮胎专列穿行全国，其品牌广告可以全面覆盖高素质、高收入、高消费的高铁出行人群，向他们展现三角的尖端技术、卓越产品及品牌魅力。

（资料来源：陈志炳，2017. 品牌专列首发 三角轮胎进入高铁时代[EB/OL].（2017-05-23）[2019-06-11]. http://www.tireworld.com.cn/news/focus/2017523/25199.html.）

9.2 宣传活动

同样的活动在不同的场合和不同的时机，用不同的方式发布，所取得的效果是大不一样的。因此，高铁客运组织想要通过公共关系专题活动在社会上产生广泛的宣传效果，就必须掌握相应的宣传技巧。

9.2.1 新闻发布会

新闻发布会又称记者招待会，是社会组织专门召集记者集会，借以发布新闻、解释记者提问、扩大社会影响力的一种特殊会议形式。新闻发布会中有影响或有价值的新闻往往能够成为社会组织与新闻界关注的焦点，是公共关系活动中很常见的一种方式。因此，从事高铁客运的公共关系人员应该掌握举办新闻发布会的技能和方法。

通常，社会组织召开新闻发布会的情况有以下几种：组织取得重大成就，如高铁新产品、新技术问世，生产销售、科研技术被突破等；组织的重大庆典，如周年庆、重大庆祝日等；组织将要采取的重大举措，如研发高铁客运相关的新技术、产品结构调整等；出现严重事故，如失火、泄密、水灾及其他责任事故等；组织与外界发生公共关系纠纷，如与社会公众、消费者发生矛盾等。

举办新闻发布会的主要特点是信息传递的快速准确。新闻发布会是社会组织的一项重要宣传推广活动。与新闻稿件相比，新闻发布会传播速度更快、效率更高。同时，举办新闻发布会，相关记者会就感兴趣的问题以最佳的角度进行充分的采访，可以更好、更客观地发布信息。此外，由于新闻发布会的形式正规，组织能够通过新闻发布会增加信息传递的深度和广度，可以增加公众的信任感。

新闻发布会要求发布的信息严密、规范、有较高的宣传价值，其具体准备工作如下。

（1）确认主题，邀请记者

组织应该在新闻发布会之前明确主题，并在组织内部统一口径，以免参会人员说法不统一，造成记者报道的失实。根据选定的主题选择记者。需要注意的是，必须遵守对同级新闻单位要一视同仁的原则，避免厚此薄彼。

（2）选择会议时间、地点、主持人和主要发言人

新闻发布会要根据活动的主题选择会议的时间和地点，配合主题开展。新闻发布会的主持人应当语言风趣幽默，思维机智灵活，善于把控会场气氛。当新闻发布会现场冷场时，主持人应该随机应变活跃气氛；当新闻发布会现场的气氛过于热烈时，主持人应该控制会场气氛，维持秩序。另外，主持人还应该善于把握新闻发布会的主题，确保记者的提问不偏离主题；但又要尊重记者的提问，不能用语言、动作阻止记者提问，以防

造成逆反情绪。

此外，由于新闻发布会的发言人代表了组织形象，新闻发布会的主要发言人一般由组织的主要负责人担任。负责人需要头脑机敏、口齿伶俐，有权威，能掌握组织活动的全面情况，有较强的语言表达能力。另外，参加发布会的其他相关人员需要有所分工，回答不同方面的问题。

（3）准备发言稿和提纲

新闻发布会发言人需要在发布会前熟悉发言内容，根据发言内容整理出发言报道提纲。报道包括主要发言的基本内容，并附有背景材料、相关的图表、照片等资料。在新闻发布会之前，组织公共关系人员将提纲发给记者，以便他们了解情况，有针对性地提问和访问，做出更准确的新闻报道。同时，公共关系人员还应该提前准备好记者可能提出的问题答案，理清思路，供主要发言人参考。

（4）做好接待工作

新闻发布会开始以前一定要做好接待工作。应尽量维持会场秩序，做好发布会现场外的接待工作；会场内气温适度，座椅舒适，灯光明亮，电源设备充分，便于录音、录像和安装各种通信设备。小型新闻发布会的桌椅可摆成圆形，创造一种亲切、融洽的氛围。大型新闻发布会现场可布置成教室式，便于公共关系人员随时维护会场秩序。

此外，公共关系人员要提前准备好新闻发布会可能需要的各种辅助工具，如图表、幻灯、照片、模型、音像等资料，力争让新闻发布会产生最佳的宣传效果。准备好新闻发布会现场参会人员的茶点、水果、签到簿、小礼品等，使新闻发布会更加正规和隆重。公共关系人员还需要在新闻发布会的前后合理地安排记者参观、访问、摄影、摄像。对于外地记者，公共关系人员应安排好餐饮、住宿、交通，也可以举行茶话会、酒会、旅游等相关活动。

小资料 9–3

美团旅行开售西成高铁车票 开启线上大促狂撒 1.5 亿元红包

2017 年 12 月 6 日，西成高铁正式开通，美团旅行同时开启售票。当天，新闻发布会于西安北站召开，发布会以“千年秦蜀史，今朝西成传”为主题，美团旅行成为此次首发仪式的独家合作旅行平台。新闻发布会宣布美团旅行与西安市铁路局、西安市旅游局三方达成战略合作，未来将在票务、大数据运营、旅游目的地营销、“旅游+”等领域展开深度合作。美团旅行大交通事业部总经理姚虎表示，未来将和西安市铁路局、西安市旅游局保持密切合作关系，在多个领域深度携手，为消费者提供票务产品的同时，上线主题活动，将西成高铁沿线的旅游特色产品和玩法呈现给用户，通过“高铁+互联网”的模式带动铁路沿线地区的旅游经济发展。

西成高铁连接西安到成都，全长 643 千米，用时由平常的 6 小时缩短至 3.5 个小时，途经 16 个站点，分别是西安北、阿房宫、户县东、新场街、佛坪、洋县西、城固北、汉中、新集、宁强南、朝天、广元、剑门关、青川、江油北和江油，涵盖了不少特色及贫困县区。西成高铁是我国首条穿越秦岭山脉的高铁，一改蜀道旧观，贯穿西北、西南经济长廊，使关中经济圈与成渝经济圈携手相连，仅3.5个小时的车程就让川陕两省形成“一日经济生活圈”，两省的居民通过一张车票便可以在一天内到达沿线各站，穿梭于汉唐文化和巴蜀文化，享受当地的美景、美食及旅游玩乐等，晨游兵马俑、夜游都江堰等情景将在一日内轻松实现。

据美团旅行透露，未来将携手西安市铁路局、西安市旅游局共同发布西成高铁特色旅行线路，介绍西成高铁所到城市和县区的景色、美食和人文等，将沿途特色旅行信息推荐给消费者，消费者不但可以在美团旅行购买西成高铁车票，还可以获取旅行攻略、了解景点信息、购买相关产品等。

为了庆祝此次战略合作的达成，美团旅行开启为期两周的“吃喝玩乐游川陕”线上促销活动，2017年12月6日至12月19日，消费者登录美团APP或大众点评APP，便可以进入促销专场瓜分1.5亿元红包，领取美食、门票及酒店等品类的优惠券，新客首单在线成功预订西成高铁车票还可以立减5元。据了解，此次大促涵盖机票、火车票、景点门票、休闲娱乐、餐饮、酒店等旅行全品类商品，为消费者提供一站式旅行预订服务。从浏览活动页面可以看到，成功预订西成高铁车票可以最低半价游览特色景点，体验大唐芙蓉园、曲江寒窑遗址公园、大明宫国家遗址公园、广仁寺等盛事遗迹文化之旅，也可以感受西安碑林博物馆、半坡博物馆、关中民俗艺术博物馆等人文长安体验之旅，同时还有太平国家森林公园、秦岭大坝沟景区、汤峪温泉等秦岭山水度假之旅和曲江海洋极地公园、浐灞国家湿地公园、白鹿原·白鹿仓景区等都市乐活休闲之旅可供消费者选择。

（资料来源：佚名，2017. 美团旅行开售西成高铁车票 开启线上大促狂撒1.5亿红包[EB/OL].（2017-12-06）[2019-06-11]. http://biz.jrj.com.cn/2017/12/06180123751451.shtml.）

9.2.2 新闻发布会效果检测

1. 整理材料

工作人员应整理新闻发布会的记录材料，总结新闻发布会的安排组织、现场布置、主持回答等各方面工作的经验，将总结材料归类分析。收集参会记者在各种媒体上的报道，将报道材料进行归档和备案，进而检测是否达到组织的预期目标、是否有重大错误，对检测出的不足和问题，应及时分析原因，设法弥补。

2. 分析总结

新闻发布会结束以后，应该及时对照新闻发布会的签到簿，检测参会记者是否发了有关活动的报道，并对记者所发稿件的内容进行分析，作为下一次组织举办新闻发布会邀请记者范围的重要依据。此外，发布会结束后，还应该收集参会记者和其他参会人员对新闻发布会的总体反映，检测发布会在接待、安排等方面是否到位，以便在今后工作中取长补短。

3. 及时公关

若在新闻发布会后出现了不利于组织的记者言论或者媒体报道，应及时采取应对措施。如果有不符事实的消息出现，应立即采取行动，向公众说明真相，向报道消息的记者或机构提出更正要求。如果消息属实，但报道不利于组织，且事实完全是组织内部造成的，组织应通过媒体表达歉意，并努力挽回组织信誉。

9.3 举办展览会

举办展览会是将有关组织的物品陈列出来供人参观。高铁客运通常通过实物、文字和图表等形式展示成果。展览是公共关系活动中一种常见的宣传形式，其特点是通过实物的展示和示范性的表演相互配合达到宣传组织正面形象的效果。由于展览较为直观、图文并茂，往往能使公众信服，留下深刻印象。

9.3.1 举办展览会的意义

1. 提供与公众沟通的机会

现在高质量、高服务的产品会得到社会的公众的普遍认可，高铁客运组织通过举办展览会，为组织提供与公众直接进行双向沟通的良好机会，让公众直观感受到组织的产品、服务、历史等，增加公众对组织的情感交流，驱使社会和公众自愿为其进行宣传。

2. 提供自我宣传的机会

通过举办展览会，将组织的产品和服务等方面的成果、风貌和特征进行完整的呈现。与其他形式的宣传方式相比，其说服力大大增加。高品质的产品、精美的图文、动人的解说、艺术的设计，加上美妙的音乐，使参观者有极强的参与感，极大地增强了组织的宣传效果，也提高了社会和公众对组织及其产品、服务的信任度。

3. 增进组织的社会效益

在公共关系活动中，真诚合作、互利互惠是一个基本原则。高铁客运组织找到一个合适的宣传方法尤为重要，因为举办展览会是组织向社会和公众展示自我的最佳手段。在宣传组织的同时，又能服务社会，增进了组织的社会影响力。

小资料 9-4

“匠心筑梦——从京张铁路到京张高铁”展览在京举办

2018 年 4 月 3 日上午，“匠心筑梦——从京张铁路到京张高铁”专题展览在北京中华世纪坛举办。本次展览由詹天佑科学技术发展基金会、中国铁道学会、中国铁道科学研究院集团有限公司、中国铁道博物馆主办，詹天佑纪念馆承办。

本次展览分为缔造京张、百年京张、高铁时代和京张高铁 4 个部分，通过 200 余幅图片及文字进行展示，旨在传播詹天佑精神和京张铁路文化，激励世人为国家进步、民族复兴而奋斗。

展览首日获得了社会各界的广泛关注与好评，不少热心观众留言点赞，并提出建议。位于展厅中心位置的京张高铁模拟驾驶台成为本次展览的一大亮点，吸引了不少观众前去体验。观众可凭个人身份证等有效证件在世纪坛南广场领票处或北广场咨询处领取免费参观券。

据了解，2016 年、2017 年，詹天佑科学技术发展基金会、中国铁道博物馆曾举办《詹天佑与中国铁路——纪念詹天佑先生诞辰 155 周年展览》《跨越百年——京张铁路影像展》《历史的回响——中国铁路机车素描展》等展览，每次观展群众都在 4 万人左右。

（资料来源：杨建光，2018-04-08. “匠心筑梦：从京张铁路到京张高铁”展览在京举办[N]. 人民铁道报，A1.）

9.3.2 展览会的类型

1. 按展览会的性质分类

按展览会的性质，展览会可分为贸易展览会和宣传展销会。

贸易展览会是指组织通过展览进行宣传，其目的重在宣传组织的产品或服务而不是销售。公众只能观看展品，而不能进行购买。宣传展销会的目的是销售。组织通过贸易展销会将展销的产品分类设立专柜，标明生产单位，对比陈列，边展边销，让公众在评比中选购，在选购中评比，进而达到宣传和销售的目的。

2. 按展览会的种类分类

按展览会的种类，展览会可分为混合商品展览会和单一商品展览会。

混合商品展览会通常由专门的组织机构或单位负责筹办，邀请不同组织参加展览会的一种全方位的展示活动。混合商品展览会的活动规模较大，参展商品较多。单一商品展览会通常由组织或行业性组织围绕某一个特定的商品主题而举办。与混合商品展览会相比，单一商品展览会的内容和规模较小，综合性不高，但宣传主题明确，展示的产品集中且有深度。

3. 按展览会的规模分类

按展览会规模，展览会可分为大型展览会和小型展览会。

大型展览会在规模和内容上更丰富，如名城街、博览会等。小型展览会通常由某个组织为了展示自身发展的历史和优质的产品或服务而设立，如陈列室、样品室、橱窗等。

此外，展览会还有国内展览会和国际展览会、室内展览会和室外展览会、长期固定展览会和短期不固定展览会等。组织应该根据自身的需求和目标，恰当地选择展览会的类型，以此达到更好的宣传效果。

9.3.3　展览会的筹划

1. 分析展览会特征

在举办展览会之前，组织应该首先分析其特征，考查其必要性和可行性。从计划实行、市场调研、展品选择、展位筛选、客户邀请、现场布置、媒体宣传、组织成交到展品运输等方面，都需要严密把控。任何一个环节失误，都会直接影响展览会的效果，甚至影响组织形象。因此，对于展览会的筹划，应该首先对展览会的特征进行了解，分析其必要性和可行性。如果不进行科学的分析和论证，即使展出者花费了大量的人力、物力和财力，也未必能达到预期的效果。

2. 明确展览会主题

每一个展览会都有明确的主题和目的，并努力将主题和目的通过各种形式展示出来。组织应该确定主题口号、主题歌曲、纪念品等，并明确参展单位、参展产品与参展标准，然后通过媒体或其他形式向有可能参展的单位发出邀请函，并明确告知参展者组织展览会的主题和目的、展览会的类别、展览会的要求、展览会的费用等。同时，组织还应该考虑交通情况、服务设施和天气情况及展会时长等因素，以确定展览会的时间和地点，力保通过展览会宣传组织形象，提高组织的知名度。

3. 制定展览会预算

制定展览会预算时，组织需要把现场布置、宣传资料等方面的因素考虑进去。现场布置，如场地和设备租金、运输费、设计布置费、材料费、传播媒介费、劳务费、宣传资料制作费、通信费等；宣传资料，如设计与制作展览会的会徽、会标及纪念品，说明书、宣传小册子、幻灯片、录像带等。需要注意的是，在制定展览会预算时，一般应留出 5%～10%作为准备金，以备调剂之用。

4. 设计展览会布展

组织生产和经营的商品，其组合的深度、广度、密度都不相同，项目和品牌差别也很大。组织需要围绕展览的主题和目的，精心选择展品，确定参展产品的深度、广度、密度，搭配好参展产品的项目和品牌，认真构思展会产品的布置。组织应该静心制作展览图片、文字说明、实物模型，以及配套相应的影视、音响资料等。根据展览大纲撰写布展的脚本，统筹美术、摄影、摄像、灯光、音响、装潢等方面。此外，组织还应该尽量保证展览会的交通便利、环境适宜、设施齐全、安全卫生等。

5. 培训展览会人员

展览会工作人员的展览技能水平，对整个展览效果起着至关重要的作用。因此，组织应对工作人员进行认真培训，如对讲解员、接待员、服务员、业务洽谈人员和有关专业人员等培训公关技能、展览专业知识和专门技能、营销技能、社交礼仪等。

6. 做好展览会宣传

组织一场展览会，需要招徕观众才能达到传播的目的。组织除了通过展览会本身的精美布置直接对社会和公众进行宣传外，还应该通过新闻传播、广告、海报、报纸、传单、邀请函等方式将展览会信息和正面报道传播出去，吸引更多的消费者，扩大组织的影响力。此外，组织还可以设立专门的传播机构，并对社会公众随时开放，创造一切条件扩大组织影响力。

7. 做好展览会接待工作

展览会通常需要面对公众，接待任务尤为重要。因此，组织应为观众提供全方位的咨询和服务工作，做好接待工作，避免参观者被冷落或久候。努力做好接待工作，提高社会公众和媒体对展览会的正面评价。

8. 完善后续工作

展览会结束后，公共关系人员应当收集社会公众和新闻媒介对展览会的评价和相关报道，总结经验和教训，形成资料文档，存档保留，作为下次举办展览会的重要参考依据。

小资料 9-5

广东佛山举办“高铁同游·寻味岭南”文化旅游周

2017 年 5 月 28 日，端午小长假第一天，2017 首届佛山·禅城旅游文化周暨高铁经济带旅游博览会在佛山市禅城区文华公园的岭南明珠体育馆正式开幕，来自贵广、南广、昆广、武广、厦深等高铁沿线的 18 个重要节点城市，共同参与全国首个以高铁经济带为主题的旅游博览会，打造佛山乃至广东旅游精彩盛事。2017 首届佛山·禅城旅游文化周由佛山市旅游局、禅城区人民政府共同主办，禅城区文体局（旅游局）、禅城区经科局承办，佛山市旅游行业协会和禅城区旅游行业协会作为协办单位。

近年来，贵广、南广、昆广高铁先后全面开通，使佛山成为珠三角腹地辐射粤西北的重要前沿和粤西、大西南对接珠三角的桥头堡，为桂黔及粤西地区融入珠三角、连接港澳提供更便捷的途径。2016 年 11 月，魁奇路东延线成功通车，禅城作为佛山中心城区与广州南站实现“一线牵”，从禅城出发到广州南站的车程缩短至 15 分钟左右，这意味着，禅城已快速接入中国高铁交通网络。良好的区位和发达的交通网络，为佛山和禅城发展旅游

业、培育新业态提供了前所未有的机遇。

本次举办首届佛山·禅城旅游文化周是创建广东省全域旅游示范区的一次重要行动，活动联合高铁旅游带其他城市旅游要素，激活文化、商业、旅游三大基因。此外，本次活动借助高铁这一纽带，以高铁线路为依托，以旅游产业为先导，搭建“泛高铁”朋友圈，与沿线城市共同携手开创泛珠区域合作新格局，加速高铁经济带形成经济一体化区域，共同探讨高铁经济带城市旅游合作的空间前景；希望通过旅游携手合作，促进沿线城市展开对接，加速旅游资源共享、产业转移，实现多方共赢、共同发展的格局，推动高铁经济带更好更快发展。在旅游产业和经济发展两个方面同时施力，让更多的人借助高铁，领略各城市间经济的和谐发展和轻松畅快的旅游。

最后，开幕式上 18 个城市共同发出宣言倡议：以旅游产业为先导，坚持合作发展、资源共享、互利共赢，充分发挥旅游产业的辐射带动作用，加速区域资源要素流动，助推区域融合发展。

（资料来源：范杰，2017. 广东佛山举办“高铁同游·寻味岭南”文化旅游周[EB/OL].（2017-06-04）[2019-06-11]. http://www.sohu.com/a/146003415_270323.）

9.4 开放参观活动

9.4.1 开放参观活动的作用

开放参观活动是指将组织内部有关场所和工作程序对外开放，欢迎各界人士或社会公众参观考察的一种公共关系活动。通过参观活动，组织可以让公众目睹组织整洁的环境、先进的工艺、现代化的厂房设备、科学的管理制度、高素质的专业人员及对社区和社会所做的贡献等方面。此外，组织还可以通过介绍厂史、校史等方式向公众全面深入地展示组织的发展历史和未来前景。因此，开放参观活动可以加深公众对组织的了解，引起公众的兴趣，提高组织的社会影响力和知名度；也可通过参观活动澄清某些事实，求得公众正确客观的理解，密切组织和公众之间的联系。此外，开展参观活动也是组织激发组织内部成员自豪感和荣誉感，增加组织员工归属感的有效途径。

9.4.2 开放参观活动的筹划

1. 明确活动目的

组织在开展开放参观活动前，首先应该明确主题和目的，即通过开放参观活动应该给公众留下怎样的印象、取得何种效果、达到什么目的等，以此作为进行开放参观活动宣传的形式、宣传内容、开放时间、开放范围等因素的依据。

2. 确定参观路线

合理的开放参观路线，应在不影响组织正常工作的前提下，尽量保证参观者能够全面、清楚地了解内容，处理好公开与保密的关系。同时，参观路线的工作人员、设施设备、装饰装修等应处处体现公关意识，给公众留下良好印象。

3. 安排合理时间

参观时间尽量以不影响组织正常工作为标准，同时考虑公众是否方便。参观时间最好与组织的某些特殊时间联系起来，如周年庆、开业庆典、国庆节等。选择参观时间的时候，需要将相应的服务配套到位，以免参观者乘兴而来、败兴而归。此外，选择时间时还要考虑气候和气温的变化等因素。

4. 成立专门机构

组织可以成立专门的筹备委员会，委员会成员可以包括组织领导、公共关系部门人员、行政和人事部门人员等。如果参观活动强调服务和产品，还可以邀请经营部、营销部的工作人员。

5. 做好宣传工作

针对开放参观活动，组织应撰写通俗易懂的解说词，准备简单明了的参观说明书，如对参观的产品和路线进行清楚的解释等。另外，组织还应该做好产品、展牌、展室的设置，装饰、标语、图片、实物的制作，以及有关组织的印刷品、纪念品的设计与制作等。不仅要精心美观，还要能够充分体现组织的风格与特色。

6. 做好向导工作

组织应该力求掌握参观活动的人数，以便做好具体的向导安排工作。可以通过事先联系、主动邀请等方式确定参观人数，力争逐个落实。在进行开放参观活动时，组织者还应由专人做好向导工作，由向导陪同参观者沿既定路线区域进行参观，在重要区域设置明显路标等。

7. 做好接待工作

工作人员对于参观者应该热情友好、服务周到，认真做好接待工作。组织应该完善接待设施，提供休息场所，适当提供娱乐场所，为参观者提供交通及其他咨询等方面的便利或服务，也可以准备好开放组织所需的宣传品、纪念品或小礼品等。

小资料 9-6

重庆火车站组织职业体验活动 “动花”带网友感受铁路服务

2016 年 7 月 30 日，重庆火车站组织了“转观念、闯市场、增效益”网友看铁路体验活动，通过参观体验售票、进站、候车、检票等工作流程，解答了网友的疑虑，并听取了

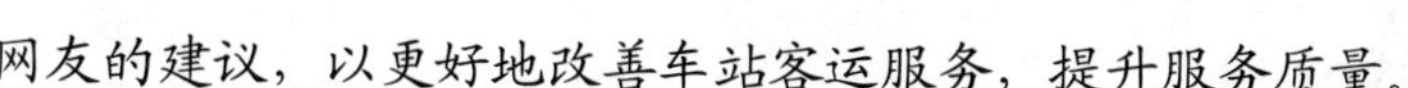

网友的建议，以更好地改善车站客运服务，提升服务质量。

29 日上午 10 时，活动正式开始。首先，解说员为大家讲解了火车站概况，并详细介绍了重庆北站北广场的情况。在解说员的带领下，网友参观了售票大厅、进站验证安检。“动花”解说员说：“为保证每一位旅客乘车安全，我们严格规范进站验证安检流程，做到人人验票验证、行李件件过机、手检人人过关”。

接着，网友在候车室内的“马廉服务台”，听“动花”解说员介绍“动花朵朵”服务品牌的故事。随后，“动花”们为 10 名网友佩戴“动花朵朵”胸标，在候车室体验服务重点旅客。这时，广播里响起了列车检票的通知，网友随后来到检票口，在工作人员的指导下为持有红票的旅客检票。候车室的各项体验让网友深刻感受到了重庆火车站客运职工“全心全意为旅客服务”的服务方式，也体现了重庆火车站“享受服务，愉快出行”的服务理念。

最后，10 名网友来到了票房，体验了售票员的工作。“请问您要买到哪里的车票？”“今天下午到成都的高铁票还有吗？”，在工作人员手把手地指导下，网友卖出了人生中的第一张票。两个小时的体验活动很快结束了，网友亲身体验感受到了“铁路人”的辛苦和不容易。

有一位网友发布微博：“这一次体验让我收获很多，通过重庆北站的‘第一视角’了解了车站各个部门的各个岗位，也感受到了铁路职工的艰辛，想真诚地对你们说声‘辛苦了，感谢你们的付出，为旅客平安出行做出默默的奉献’。”

（资料来源：蒋天超，汪亮，2016. 重庆火车站组织职业体验活动　“动花”带网友感受铁路服务[EB/OL].（2016-07-30）[2019-06-11]. http://news.163.com/16/0730/12/BT7MACA300014AEE.html.）

巩固与应用

一、名词解释

公关关系赞助活动　新闻发布会　举办展览　开放参观活动

二、思考题

1．高铁客运赞助活动的开展和注意事项有哪些？
2．如何组织新闻发布会活动？
3．举办展览会应如何筹划？
4．筹备开放参观活动的步骤有哪些？

三、案例分析题

随着西成高铁的正式通车，西安、成都、重庆被高铁连接在了“5 小时经济圈”里。西成高铁如同一条“金腰带”贯穿成渝、关天城市群，西三角经济圈蓬勃发展，将成为未来中国经济增长的重要一极。

2017 年 12 月 13 至 17 日，西成高铁开通一周之际，由西安市旅游发展委员会、西安曲江新区管理委员会主办，西安曲江文化旅游股份有限公司承办的“乐乘高铁·惠游西安”西安 5 折欢游季西成高铁系列路演活动，分别在广元利州广场、绵阳铁牛广场、成都宽窄巷子东广场、重庆观音桥广场等地上演。巡演介绍了西安丰富的旅游资源，展现了千年古都人杰地灵的文化底蕴和生机盎然的城市魅力，四城路演活动共吸引了近 5 万当地市民游客，为陕川渝的旅游经济交往做出了有力探索。

（资料来源：杨明，2017-12-25.“乐乘高铁·惠游西安” 西安 5 折欢游季路演活动圆满成功[N]. 西安晚报，7.）

分析：

1．针对案例中路演专题活动，分析此次路演专题活动的作用。

2．请从公共关系角度，针对此次专题活动制订一份完整的策划方案。

第10章

高铁客运公共关系危机处理

学习目标

1. 了解高铁客运公共关系危机的含义、特点与类型。
2. 了解高铁客运公共关系危机的发展阶段。
3. 掌握高铁客运公共关系危机引发的原因。
4. 了解高铁客运公共关系危机处理的原则。
5. 掌握高铁客运公共关系危机处理的方法。

10.1 高铁客运公共关系危机

公共关系危机是一种特殊类型，是组织与其公众之间因某种非常性因素引起的某种危险的非常状态，是组织公共关系状态严重失常的反映。

高铁客运公共关系危机是高铁客运组织的变化或社会上特殊事件所发的，对高铁客运企业或品牌产生不良影响，并在很短的时间内涉及广泛的社会层面。这种不良影响对于高铁客运组织来讲就是一种危机。公共关系危机处理是衡量企业公关综合实力的标准，也是任何企业的立足之本，如何处理公共关系危机，是摆在公共关系部门面前的一个重要问题。

小资料 10-1

“7 · 23”甬温线特别重大铁路交通事故

2011 年 7 月 23 日 20 时 30 分 05 秒，甬温线浙江省温州市境内，由北京南站开往福州站的 D301 次列车与杭州站开往福州南站的 D3115 次列车发生动车组列车追尾事故。此次事故已确认共有 6 节车厢脱轨，即 D301 次列车第 1～4 位，D3115 次列车第 15、16 位。造成 40 人死亡、172 人受伤，中断行车 32 小时 35 分，直接经济损失 19 371.65 万元。

“7 • 23”甬温线特别重大铁路交通事故是一起列控中心设备存在严重设计缺陷、上道使用审查把关不严、雷击导致设备故障后应急处置不力等因素造成的责任事故，有 54 名事故责任人员受到严肃处理。

（资料来源：国务院办公厅，2011-11-28. 国务院处理温州动车追尾事故 54 名责任人[EB/OL].（2011-12-28）[2019-05-17]. http://news.sina.com.cn/c/2011-12-28/211223711377.shtml.）

10.1.1 高铁客运危机的主要特点

危机是指突然发生的可能严重影响或危及组织机构生存和发展的事件。高铁客运危机事件主要包括严重高铁事故、列车大面积延误、旅客大量滞留、旅客维权、社会舆论的指责、新闻媒介的批评等。高铁客运危机的主要特点如下。

1. 危害性

危机一般对高铁客运组织的形象、高铁客运组织的生存环境和发展都会产生重大的负面影响，严重的常常把一个组织置于危险的境地。

2. 突发性

危机在发生之前可能没有任何征兆，往往是不可预测或不能完全预测的突发性灾难，常令组织猝不及防，瞬间陷入被动的舆论压力和困境。突发性的原因主要有两个方面：一是组织内部因素，如员工的危机意识淡漠、工作疏忽、违反操作规程、危机处理不力等；二是组织外部因素，如自然灾害、新闻媒体的负面报道、政府的规制、国家政策的突然变化等。

3. 破坏性

危机爆发时，如果高铁客运组织未能及时有效地处理危机，可能会破坏正常的生产、经营秩序及组织的形象，降低公众对高铁客运组织的信任，甚至使组织破产或倒闭。具体而言，危机造成的破坏主要有人员伤亡、财产损失、声誉受到明显的损害、公信力下降、忠诚度下降、生产力和竞争力下降、利润和营利能力下降等。

4. 连锁性

危机的发生不是孤立的，可以引发另一危机问题或危机情境。关于危机的连锁效应，学者朱德武总结了三个方面：一是危机的爆发对危机现场的事物造成损害，当损害达到一定程度时，受损的事物就会发生质变，从而引起新的危机。二是危机蔓延使那些离危机较远的事物遭到损害，当损害积累到一定程度时，使受蔓延的事物发生质变，从而爆发新的危机。三是危机爆发时，如果处理不当也会引起新的危机。例如，高铁出现大面积延误时，如果不能及时通知旅客，就容易出现旅客滞留、火车站物资紧缺等问题，同时更容易出现舆论危机。

10.1.2 高铁客运危机的发展阶段

管理学者斯蒂文·芬克提出了组织危机生命周期理论。危机生命周期理论是指危机从出现到处理结束过程中，有不同的生命特征。结合该理论，从危机自身发展过程来说，一般经历五个阶段：危机酝酿期、危机扩散期、危机爆发期、危机处理期、危机后遗症期。

1）危机酝酿期。一般来说，组织危机的爆发是由多个因素动态发展引发的结果，在此阶段多重因素互相作用，会出现一些危机的前兆，这也是危机处理的最佳时期。在这个阶段，危机处理的成本最低并且可以将危机造成的伤害降到最低。因此，在高铁客运组织的日常管理工作中，工作人员应该注意对组织运行各个环节的监控，及时发现并解决问题，特别是在对列车运行各环节的检修上一定要下功夫，保证高铁客运安全。

2）危机扩散期。危机在这个阶段会越来越清晰，并且开始有舆论的参与。如果不能将其控制、消灭在此阶段，其负面影响会逐渐扩散开来。

3）危机爆发期。在此阶段，危机问题本身已经发展成熟，事态全面爆发，大众媒体介入，特别是高频率的报道，会将公众的目光吸引到危机事件上来，给高铁客运组织的经营活动和品牌声誉造成巨大损失。在此阶段，已经不可能借助干预手段影响它的进程。

4）危机处理期。这个阶段，通过管理手段进行干预已经失去作用，只能接受危机爆发造成的严重后果，按照危机处理的程序对其进行处理。但即便危机发展到这个阶段，也不必太过悲观，最重要的是掌握正确信息，确认危机，积极应对，及时沟通，最终控制并解决危机。

5）危机后遗症期。经过紧急处理后，可能已经解决危机问题，但无效的处理可能使组织危机的残余因素经过发酵重新进入新一轮的危机酝酿期。因此，在这个阶段需要对危机的整体情况进行评估总结，彻底整顿、改进组织，主动沟通，推出新的计划措施，修补、维护与再造组织形象。

10.2 高铁客运危机的主要类型

组织所面临的外部环境时刻都在变化，而组织内部容易出现管理不善等，因此，组织所面临的危机极为广泛。如何将危机进行有效分类，使组织管理者和学习者能够尽快掌握，是我们面临的一个大问题。

当高铁客运组织与旅客发生冲突或发生突发时，组织形象容易受到损害，公共关系处于紧急状态，这就需要动用整个组织的力量及各种传播媒介来处理危机，协调高铁客运组织与旅客之间的紧张关系。使高铁客运组织面临公共关系危机的情况主要有三种，即高铁客运组织自身行为不当、突发事件和媒体失实报道。

10.2.1 高铁客运组织自身行为不当引起的危机

高铁客运组织自身行为不当引起的危机，是指高铁客运组织在自身发展过程中，由于指导思想、工作方式、运行机制等组织本身的原因而引起的危机。例如，过度追求经济利益，不顾旅客利益造成旅客损失，产品质量引起的消费者投诉，消息不对等造成的舆论谴责等。这类公共关系危机完全是高铁客运组织的责任，容易受到旅客和舆论的强烈批评和抨击，严重损害高铁客运组织的形象。

小资料 10-2

“9·8”高铁盒饭发霉事件

2018 年 9 月 8 日晚，武汉市民祝先生和夏先生二人乘坐 G505 次列车从北京回武汉。晚上 7 点多，二人到餐车买了两盒盒饭，夏先生吃了一大半，结果出现了上吐下泻的状况。

1. 动车组回应

事件发生后，祝先生立即向列车上的工作人员投诉。列车长到场处理并向祝先生赔礼

道歉，餐车服务员夏慧莲退还了 80 元餐费。随后，工作人员重新送上了新的套餐，但遭到祝先生拒绝。祝先生说，他不需要赔偿，但要求列车方面调查原因并告知他。列车长也表示会查清原因，给旅客一个答复。

2018 年 9 月 8 日，祝先生下车后，负责高铁餐饮的广州动车组餐饮公司给祝先生发来手机短信：

尊敬的祝××先生：您今天乘坐 G505 次列车，并在餐车购买了 2 份米饭，其中一份在食用前发现了质量问题一事，该车负责人高度重视，并且第一时间向公司进行汇报。公司获悉后，指示有关负责人第一时间向您道歉，并将于明天下午安排相关负责人从广州到武汉拜访您，当面向您致歉及洽谈后续事宜，万望您拨冗接见并且对我们以后的工作继续予以监督。

广州动车组餐饮有限公司
2018 年 9 月 8 日

2. 广铁回应

2018 年 9 月 9 日，中国铁路广州局集团有限公司就 9 月 8 日晚武汉市民祝先生在 G505 次列车购买盒饭发霉变质一事，铁路部门高度重视，广州铁路食品安全监督管理办公室立即成立调查组对事件进行调查。广州动车组餐饮公司已于当日对同批次产品全部下架封存，暂停采购上海新成食品有限公司的动车盒饭。

铁路部门表示，相关调查结果及问责情况将第一时间向社会公布，并向旅客表示诚挚歉意。下一步将完善相关机制，全力加强旅客列车食品安全监督管理，切实维护旅客权益。

3. 国务院督查组

2018 年 9 月 17 日，督查组与铁路总公司进行了部门座谈。国务院第五督查组副组长吴圣光指出，高铁已成为人们重要的出行工具，高铁盒饭问题备受社会关注。此次国务院大督查就是瞄准了市场主体和人民群众反映强烈的堵点、梗阻和瓶颈问题，督促有关部门举一反三、立行立改，加快完善政策措施，积极回应社会关切。

4. 铁路总局

2018 年 9 月 18 日，据铁路总公司有关负责人透露，由于常温链盒饭储运时间长，易发生包装容器破损造成霉变等影响食品安全的问题，自 2018 年 9 月 29 日起，全国铁路将停止使用常温链盒饭。

（资料来源：佚名，2018. 北京开往武汉高铁供应 40 元盒饭竟发霉，旅客吃后上吐下泻[EB/OL].（2018-09-09）[2019-06-05]. https://www.thepaper.cn/newsDetail_forward_2423646.）

1. 高铁客运组织行为不当引起危机的原因

高铁客运组织行为不当之所以会引起危机，主要原因如下。

1）高铁客运组织形象是一个组织工作的各个方面在广大旅客心目中的综合反映。高铁客运组织行为不当，就会影响双方的信任和合作，影响和谐的人事环境和社会舆论。

2）高铁客运组织的行为不当，必然直接或间接损害旅客利益。

3）组织形象是经过组织全员持久地努力达成的，如果不能坚持不懈，则会“千里之堤，溃于蚁穴”，最终导致危机。

2. 高铁客运组织行为不当引起危机的类型

高铁客运组织行为不当引起的危机主要有以下几种类型。

1）严重的内部矛盾，如劳资矛盾引起的消极怠工、官员腐败等。

2）严重的工作失误，如管理机制不健全导致的管理漏洞、产品质量不合格等。

3）严重的决策失误，如经营过期食品、侵犯旅客权益等。

4）严重的纠纷事件，如消费纠纷、赔偿纠纷等。

10.2.2 突发事件引起的危机

突发事件引起的危机是指非预见性、外在因素引起的突然发生的事件，导致组织公共关系形象受损的危机。高铁客运突发事件包括重大铁路交通安全事故、大面积列车延误、大量旅客滞留等引起的危机。

1. 突发事件引发危机的影响

1）由突发事件引起的危机会给高铁客运组织造成较大的经济损失，对高铁客运组织的冲击较大。广大旅客为了保证自身的利益，会远离受到破坏的组织。

2）突发事件造成的危机破坏性大，会给组织带来很大的损失，组织良好的生存环境遭到破坏，受众对高铁客运组织功能的恢复产生怀疑，对组织失去信心。

3）突发事件造成的危机，会导致受众产生逃避情绪和消极思想。受众对事件的联系和联想，会使受众从心理上产生回避和远离的念头，从而降低对组织的信任度，受众流失，产生不良的社会影响。

4）突发事件造成的危机，其客观事实和影响面较大。新闻媒体的报道具有广泛性和醒目的特点，在时间、地点上必然联系到受影响的组织，这种负面影响也会影响到组织的形象。

2. 突发事件引发危机的类型

1）由不可抗力导致的重大伤亡事故，如地震、洪水、火车出轨等。

2）外在因素引起的事故，如故障引起的高铁停运、人为因素导致的高铁停车等。

3）外在的故意行为，如冒用高铁客运组织名义行骗、假冒高铁组织相关企业生产伪劣产品等。

10.2.3 媒体失实报道引起的危机

媒体失实报道引起的危机是指新闻部门的报道失实，导致公众对组织的误解，使组

织形象受损的危机事件。

1. 媒体失实报道引起危机的原因

1）新闻媒体尤其是一些有影响力的报纸、电视台、自媒体，公众对其有很高的信任度，其报道习惯上被理解为事实。

2）社会公众虽然具有广泛的代表性，但当具体到某一事件问题时，一般受众是非专业人士，他们对于事件本身缺乏详细而全面的了解，对于事件的本质很难进行科学的分析。

3）受众对某一时期存在的社会问题有一种心理认同，容易盲从新闻界的意见。

2. 媒体失实报道引起危机的类型

1）失实和不全面的报道。新闻界不了解事实和真相，导致报道以偏概全，没有反映事实全貌，引起受众误解。

2）曲解事实。新科技、新思想、新方法未被广泛知晓，新闻认识按照旧的或原有的观念、态度分析和看待事实，从而导致组织发生危机。

3）报道失误。其他组织的有意诬陷或编造，新闻界被蒙蔽，引起误发报道，使组织产生危机。

小资料 10-3

"复兴号"甲醛超标停用

2019 年 1 月 14 日晚，北京铁路局官方微博发文回应"复兴号甲醛超标"传闻，称报道严重失实，时速 160 千米"复兴号"列车不存在甲醛超标问题。

今日有媒体报道的"时速 160 千米"复兴号"动车组甲醛超标"严重失实。时速 160 千米"复兴号"列车不存在甲醛超标问题，北京局集团公司北京车辆段也从未检测出"复兴"号列车甲醛超标，更不存在时速 160 千米"复兴号"动车组列车停开的情况。通报称，该车型部分列车尚未上线的主要原因：一是新车上线调试周期较长，将按计划分期分批上线；二是为了提高旅客舒适度，需要充分散发新车挥发物（俗称新车气味）。

铁路部门高度重视旅客乘车环境特别是健康和环保问题，对经检测不符合运营条件的列车，坚决不予上线，并责成制造企业整改，确保符合质量标准和服务品质。

据报道，原定于 1 月 5 日开行的该车京沪线车次受到影响，京铁集团目前只能停开或用其他车底替代开行。上海局集团有限公司同期亦接收若干列时速 160 千米"复兴号"，用于京沪普速线，这些列车亦没有按期上线运营。

（资料来源：聂静，2019. 复兴号甲醛超标信用？北京铁路：报告严重失实系新车气味过重[EB/OL].（2019-01-15）[2019-06-17]. http://365jia.cn/news/2019-01-15/AA078ED28DE3801B.html.）

10.3 高铁客运公共关系危机的处理

10.3.1 高铁客运公共关系危机的处理原则

处理公共关系危机是公共关系工作的一项重要任务，其决策和行动应遵循以下原则。

1. 快速反应原则

根据危机生命周期理论，如果组织在危机的爆发期及时采取行动，扼制危机，往往成本较低，效果也比较理想，一旦错过这一时期，危机就很难避免。因此，当危机爆发时，应快速反应，马上行动，尽量将危机扼杀在摇篮中。

2. 公众利益至上原则

当高铁客运组织处理危机事件时，应该把公众利益放在首位，这样既符合公共关系的基本原则，又符合企业道德标准。高铁客运组织以旅客利益为出发点，并非不考虑自身的利益，而是要在组织利益和公众利益之间寻找一个平衡点，做到双方互惠互利。高铁客运组织公共关系危机在一定情况下可能会给公众带来生命财产的损失，此时高铁客运组织就需要牺牲眼前利益，安抚群众，平息风波。从长远看，这种牺牲短期利益的行为有助于高铁客运组织尽快恢复正常。

3. 实事求是原则

高铁客运组织在处理危机的过程中，无论是对组织内部的职工还是对新闻记者、受害者、上级领导等都要实事求是，不能隐瞒事实真相。在危机出现时，如果抱着“家丑不可外扬”的观念和稳定人心的思想，有意隐瞒事实真相，不能在第一时间公布危机事实和过程，那么，组织与公众的信息不对等，容易导致公众的不满，甚至引起谣言的扩散，造成更大的舆论危机。因此，当危机出现以后，高铁客运组织应该由发言人代表组织对内、外及时介绍事件处理的进展情况，让公众能够第一时间了解情况，理智地对事实做出分析和判断，以求得公众的谅解和信任。

4. 维护信誉原则

公共关系在危机管理中的作用是维护组织的信誉。危机的发生势必会给组织的信誉带来一定的影响，使组织形象受到不同程度的损害。尽管危机得到妥善解决，也不意味着危机的结束，组织要做好危机善后管理工作，通过大量细致入微的工作，采取必要的措施，弥补因危机造成的各种损失，从根本上改变公众对组织的不良印象，恢复和重建

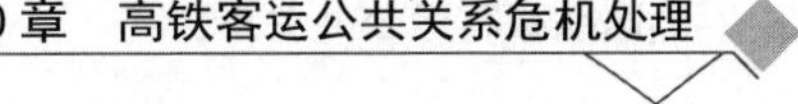

良好的公众形象。只有组织的公众形象重新建立起来，组织才能转危为安。

10.3.2　高铁客运公共关系危机的处理步骤

1. 危机处理决策

危机处理是在危机爆发之后组织被迫做出的禁忌处理。一般来说，当危机爆发时，由于信息不充分、可反应的时间极其短暂、组织的资源匮乏等诸多不利因素，常常令组织措手不及。但是只要有正确的危机决策，则可以快速处理危机。

所谓决策，狭义上是指各种可行性替代方案的选择行为；广义上是指针对问题，并就各种可行性方案进行评估和抉择的过程。当危机发生时，危机处理决策可以帮助决策者进行理性的系统分析，能以科学、准确、迅速的方式，最大限度地减少损失。危机处理决策应该随着危机处理的不同阶段进行调整，只有对所涉及的决策领域进行全盘、谨慎的思考，才能在关键时刻做出正确的抉择。

在对危机事件进行处理时，反应、速度十分关键，这就要求组织在遭遇危机时，能够主动迅速出击，承担责任，取得公众谅解，尽可能地维护组织形象。在组织发生危机时，应该以最快的速度建立危机控制中心，调配受过训练的高级人员，配备必需的危机处理工具迅速调查分析危机产生的原因及其影响，全面实施危机控制和管理计划。

2. 确定处理危机事件的新闻发言人

危机事件新闻发言人的主要职责是全权向外界解释各种真相，以防谣言流传。当危机爆发后，组织应及时确定危机事件的新闻发言人，新闻发言人一般应由危机处理事件小组的核心成员担任，新闻发言人应具备的素质包括：面对镜头及记者的态度要从容；技巧性地诱导话题；掌握全面情况；形象气质佳，态度诚恳；抗压性强；熟悉媒体运作。

新闻发言人应该准备好方便记者采访的各种资料，与新闻界主动配合，掌握对外报道的主动权，尽量不要让外界通过其他途径获取组织危机的信息。当危机爆发以后，高铁客运组织应该通过新闻发言人迅速对媒体和相关公众表明组织对危机处理的积极态度。高铁客运组织也应本着诚恳的态度和负责任的精神，表达对危机受害者的同情、关注，同时承诺立即调查处理，并在调查结果出来后予以公众满意的答复，以消除公众的不满和反感。为了避免组织今后的危机处理工作陷入被动的局面，在事态发展尚不明确及对危机尚未调查清楚之前，高铁客运组织的新闻发言人在对外表态时应原则化，尽可能避免透露事故的具体细节。

3. 对危机进行确认和评估

对危机进行确认和评估需要对危机所产生的危害和影响进行整体的把握，在危机状态下，组织的领导者必须果断准确地分析危机情况，迅速做出决策，保证决策的顺利执行，迅速控制事态，以防危机的扩散造成更大的损失。

4. 公布处理结果

危机公关的处理，最重要的是要在社会公众中重新树立组织的形象，因此，在危机处理之后，组织应通过新闻媒介公布事件经过、处理方法和今后的预防措施，同时利用新闻媒体向公众致歉，换取公众的同情和理解。

5. 制订危机传播方案

危机发生时，组织想要取得公众和新闻媒介的信任，就必须采取真诚、坦率的态度，不要隐瞒真相。在与新闻媒介进行沟通时，组织要掌握舆论的主导权，尽量使自己发布的消息成为唯一的权威性信息来源。这就需要组织在第一时间向外界公布发生了什么，组织正采取什么样的措施来弥补。同时，组织可以根据自身需要确定传播所需的媒介和媒介需要传播的外部公众，准备好组织的背景材料，向媒介提供最新情况。邀请公正、权威的机构帮助解决危机，保护组织在社会公众中的信任度。

6. 危机的总结

危机的总结是整个危机管理的最后环节，危机事件的发生会给组织带来各方面的经验和教训，对危机管理的整个情况进行系统的总结非常重要。危机的总结一般有三个步骤：首先是调查，对危机发生的原因及相关预防与处理过程与措施进行系统的调查，查找危机管理的系统漏洞；其次是评价，对危机管理的全部环节进行全面系统的评价，详尽地列出在危机管理工作中存在的各种问题；最后是整改，对危机事件所暴露出来的问题和危机管理过程中遇到的问题进行综合归类，提出整改措施，责成各部门逐项落实。

10.3.3 常见危机处理手段

1）协商对话。通过对话的形式，开展组织与当事公众之间的平等交流和双向沟通。双方在互相倾听和理解的基础上开展深入沟通，以积极的态度共同面对和处理公共关系危机事件。

2）舆论引导。通过社会舆论的引导来理顺组织与相关公众的关系，从而达到对危机事件的妥善处理。组织应快速反应，借助媒体进行正确的舆论宣传和导向，主动辟谣，驳斥不实报道，将消极的公众反应和社会舆论转化为积极正确的，从而引导公众朝着与组织密切合作的方向发展。

3）补偿损失。当组织与公众之间出现严重异常情况，特别是重大事故时，公众可能损失很大，组织必须承担责任，给公众一定的精神和物质补偿，以弥补公众的损失。在重大事故中，如有遇难者，补偿应尽量使家属满意。

4）法律手段。当组织与公众难以达成一致时，利用法律手段来处理公关危机事件。组织需要依据法律条款并且遵循法律程序，以维护和处理公关危机事件的正常秩序，保护组织和公众的合法权益。

10.3.4　高铁客运公共关系危机传播的管理与控制

面对公关危机事件时，我们更需要控制危机信息的传播。控制危机信息的传播是指要保证危机信息传播的流畅和信息的正确，在危机事件发生后，及早举行新闻发布会或记者招待会，向公众介绍危机事件的基本情况和正在进行的补救措施，引导舆论，让媒体对事件进行及时准确的报道并跟进。只有进行有效的传播管理才能进行有效的危机管理。

1. 危机沟通中容易犯的错误

在处理与外界的沟通时，组织必须考虑到外界和媒体所关注的事物，学习总结别人的经验教训。组织面临危机时与外界媒体的互动上，容易出现的错误主要有以下几点。

1）回避问题。在危机发生时，有的组织在对危机进行初步调查时，为避免祸从口出，常常用"无可奉告"来回应外界关注。这反而会引发公众的猜疑。

2）态度傲慢。一些平时形象和信誉良好的组织在面临突发状况时，一线工作人员无法有效处理并控制事态，自认为组织不可能因为出现突发状况就引发危机，缺乏对危机的重视，对待外界的关注态度傲慢无礼，不对危机事端予以重视，直到危机扩散事态不可控制才察觉到事态的严重性。

3）疏远媒体。一些组织在获知媒体对危机事件的负面报道后，第一反应就是对媒体提出严正交涉，以不友善的态度否定媒体的相关报道，疏远媒体，关闭与媒体沟通的渠道，而不对媒体的错误报道予以纠正，采用激烈的手段驳斥媒体，进而造成与媒体沟通的危机。

4）被动响应。当组织遇到危机，面临外界的质疑甚至指责时，未能主动地予以响应，等到外界的谣言、失实报道或者负面报道层出不穷时，才被动地采用公关手段，让组织在对危机的反应上处于被动地位。

2. 高铁客运公共关系危机传播的管理与控制

1）危机发生后要尽快发布背景情况，表示组织所做的危机传播准备，准备好新闻稿，告诉公众发生了什么危机，正采取什么措施补救。

2）避免非专业人士接受访问，明确告知组织内部人员不可自行对媒体发表个人意见，不发布不确切的消息，统一由组织指派的专业发言人接受媒体采访。

3）宣布召开新闻发布会的时间，组织相关负责人汇集最新消息，统一口径，做好新闻发布会的全面准备。

4）将媒体管理纳入危机管理计划中，建立广泛的信息来源，与舆论媒介保持良好的关系。如果报道与事实有出入，应当予以澄清。

5）确保组织在处理危机时能够对社会负责，增强社会公众对组织的信任度。

巩固与应用

一、名词解释

公共关系危机　高铁客运公共关系　公共关系危机处理　高铁客运公共关系危机处理

二、思考题

1. 高铁客运公共关系危机的主要特点是什么？
2. 高铁客运公共关系危机的主要类型有哪些？
3. 高铁客运公共关系危机处理的方法有哪些？
4. 怎样对高铁客运公共关系的危机传播进行管理与控制？

三、案例分析题

《环球时报》2014 年 7 月 23 日发表评论文章指出，回看“7 • 23”事故，当时的舆论幼稚而偏激。“7 • 23”事故是因管理不善而造成的典型重大责任事故，它给铁路部门和铁路系统带来非常深刻的教训，也是全国安全生产突出的反面教材。

不可否认，“7 • 23”事故在某种程度上震动了高铁在民众中的信任基石。因此，事故发生后，反思铁路体制甚至质疑高铁前景的声音一度高涨。

2011 年是中国社交媒体迅速扩大影响的时期，特别是微博作为一种新兴媒体正在呈裂变式发展。时事评论员郭松民表示，原铁道部对此的认识不够，从对整个突发事件的处理方式来看，出现了重大失当。

1）违背了在重大危机期间，需要与公众及时、持续沟通的原则。事故发生后已经过了 26 个小时，原铁道部才召开第一次新闻发布会，随后 4 天没有任何官方消息，公众对破拆车身、掩埋车头这些处理工作所产生的大量疑问没能得到及时解答，各种猜测、谣言泛滥。直到 7 月 29 日，原铁道部才通过答新华社记者问的方式再次发布了一些信息。但为时已晚，公众的质疑、不满、愤怒等情绪早已被激化。

2）新闻发言人准备不充分，应对失当。原铁道部发言人王勇平在谈到列车头掩埋原因时，说出了“至于你信不信，反正我信了”这种话。作为官方新闻发言人，在没有掌握全部完整信息的时候就仓促上阵，在面对重大伤亡事故时，没能表现出应有的悲悯之心和人性关怀，还出言不慎，致使新闻发布会不仅没有起到解惑、缓解情绪的作用，反而使政府的信誉严重受损。

3）主要沟通渠道缺位，各说各话。在事故处理过程中，微博已成为大多数公众与传统媒体第一时间获取信息、讨论交流和抒发情绪的主阵地，但原铁道部始终没有开通自己的官方微博，致使官方信息没能抢占舆论主动权。

在此次事故报道中，微博扮演了第一信息源、社会动员平台、舆论话题主导等多重身份。在微博扮演第一信源角色的动车事故中，受众在接触传统媒体事故报道之前，已经对事故信息有了一定数量的但又是“碎片化”的了解。当这种了解因“态度加成”而带有批评政府的价值预判时，任何为政府“帮忙”的媒体报道都会引起受众的反感。

舆情分析显示，事故发生后仅 4 分钟，“袁小芫”就通过微博发出乘坐动车被撞的状态：“D301 在温州出事了，突然紧急停车了，有很强烈的撞击。还撞了两次！全部停电了！我在最后一节车厢。保佑没事！”此条微博在传统媒体介入前，共被评论 8 次，转发 1 次。13 分钟后，“羊圈圈羊”发出微博求救信息：“求救！动车 D301 现在脱轨，在距离温州南站不远处！现在车厢里孩子的哭声一片！没有一个工作人员出来！快点救我们！”此条微博被评论 99 次，转发 738 次。这条微博的出现，使动车事故信息得到广泛告知。

以微博为代表的自媒体的兴起，已经使整个舆情环境与民意表达方式发生了根本变化，而纵观“7・23”事故舆情危机的发展过程可以发现，原铁道部仍在按照传统经验处理危机，对此并没引起足够重视，致使纰漏一再出现。而这恰恰给一些别有用心的媒体提供了蓄意“棒杀”中国高铁的口实。

著名的铁路电气化、自动化专家，中国工程院院士钱清泉曾表示，恶意炒作“7・23”动车事故造成了很大的负面效应，“本来我国在去年（2011 年）可以做到 8000 千米的轨道，结果因为这一炒作，正在开工的全部停工了，有十几个国家要引进中国高铁技术，结果合同全部停止了。”

（资料来源：翟亚菲，2014. 社评：回看 7・23，当时舆论幼稚而偏激[EB/OL].（2014-07-23）[2019-10-11]. https://opinion.huanqiu.com/article/9CaKrnJFj5u.）

分析：

1．在“7・23”甬温线特别重大铁路交通事故的危机处理中出现了哪些问题？

2．面对日益发达的自媒体，在今后的高铁客运危机事件处理中应该注意些什么？

参考文献

丁军强，2013．公共关系原理与实务[M]．北京：北京交通大学出版社．
董原，陆凤英，2015．公共关系理论与应用[M]．北京：中国铁道出版社．
樊帅，2017．企业公共关系案例解析[M]．北京：清华大学出版社．
方振邦，鲍春雷，2014．管理学原理[M]．北京：中国人民大学出版社．
龚荒，2015．公共关系：原理 实务 案例[M]．北京：清华大学出版社．
胡百精，2018．公共关系学[M]．2 版．北京：中国人民大学出版社．
胡正荣，周亭，2017．传播学概论[M]．北京：高等教育出版社．
纪华强，2006．公共关系的基本原理与实务[M]．北京：高等教育出版社．
杰夫金斯，1989．公共关系[M]．陆震，译．兰州：甘肃人民出版社．
居延安，2010．公共关系学[M]．4 版．上海：复旦大学出版社．
卡特里普，森特，布鲁姆，1987．公共关系教程[M]．明安香，译．8 版．北京：华夏出版社．
李兰英，陈不明，2015．公共关系理论与实务[M]．3 版．上海：上海财经大学出版社．
李晓芳，2016．高铁客运公共关系实务[M]．成都：西南交通大学出版社．
廖为建，2011．公共危机传播管理[M]．广州：中山大学出版社．
刘金同，等．2018．公共关系实务[M]．北京：清华大学出版社．
毛经权，1987．公共关系学[M]．杭州：浙江教育出版社．
乔木，2003．定位与决策[M]．北京：中国商业出版社．
王光健，胡友宇，石媚山，2018．管理学原理 [M]．2 版．北京：中国人民大学出版社．
王乐夫，1986．公共关系学[M]．沈阳：辽宁人民出版社．
王乐夫，1994．公共关系学概论[M]．北京：高等教育出版社．
王志敏，2016．公共关系理论与实务[M]．北京：北京大学出版社．
西泰尔，2017．公共关系实务[M]．潘艳丽，吴秀云，等译．13 版．北京：清华大学出版社．
熊源伟，1997．公共关系学[M]．合肥：安徽人民出版社．
许丽遐，2009．现代企业公共关系实务[M]．北京：北京航空航天大学出版社．
袁传荣，宋林飞，2006．公共关系学新论：组织形象管理[M]．南京：南京大学出版社．
翟向东，1994．中国公共关系教程[M]．北京：中国商业出版社．
张芹，2014．公共关系学[M]．武汉：华中科技大学出版社．
中国社会科学院新闻研究所公共关系课题组，1986．塑造形象的艺术：公共关系学概论[M]．北京：科学普及出版社．